KB214249

성경으로 본

하나님의 섭리

국학자료원

성경으로 본

하나님의 섭리

윤 경 환 목사

목차

프롤로그

성경공부: 하나님 말씀을 통해서 하늘과 땅을 연결하는 뜻이다. 천과 지를 연결하는 주체는 인간이다. 그러므로 하나님 말씀을 통해서 천지를 연결해서 하늘과 땅과 인간이 하나가 되자. 예를 들면 기도 같은 것이다.

工 : 하늘과 땅을 연결하는 뜻이다

夫 : 천과 지를 연결하는 주체가 人 이다.

창세기 1장은 창조의 실현을 순서대로 기술하면서 하나님의 창조의 위대하심을 말씀하셨다. priest기자(제사장) P문서 바벨론 포로시대(B.C 605년)에 쓰여졌다.

창세기 2장은(창2:4~3장) 하나님의 창조의 동기와 심정을 기록한 것이다. 하나님의 심정은 창조 전에 자녀가 먼저 하나님 안에 있었다. 창조는 아들딸을 위한 창조이다(J기자: 야휘스트, Yahwehist) 솔로몬 시대에 쓰여 졌다. 창조를 인간 중심으로 구체적으로 밝히셨다.

창세기 1장과 2장을 쓴 기자가 다르다. 그래서 창세기 1장은 하나님을 하나님이라고 했고, 창세기 2장은 하나님을 여호와 하나님이라고 표현했다.

특히 창세기 3장은 솔로몬 시대의 타락한 이스라엘 민족을 보면서 그 나라를 걱정한 왕궁학자가 성령의 인도하심으로 썼다. 내용은 모든 개인과 국가의 흥망성쇠는 도덕과 윤리가 무너져서 망한다는 것을 경고한다. 인류의 시조인 아담해와의 근원적인 죄도 잘못된 사랑으로 시작되었다. 창세기 4장은 부모인 아담해와의 잘못된 사랑으로 하나님이 바라셨던 가정완성을 통해서 창조목적을 이루시려고 하셨던 소망을 자녀인 가인, 아벨을 통해서 회복하려고 하신 섭리의 내용이 적혀있다. 하나님은 부모의 불효를 자녀를 통해서 용서하려고 하셨다. 그러나 가인이 아벨을 살해하므로 결국은 아담가정에서는 더 이상 하나님의 구원섭리를 진행할 수 없었다. 창1장에서 4장까지는 하나님의 창조 타락 구원섭리의 핵심내용이 적혀있다. 이 내용을 잘 이해한다면 하나님의 전체적인 섭리의 내용을 이해하는데 중요한 열쇠가 될 것이다. 시간적으로 시작이라는 관점보다 근원적, 근본의 관점에서 보면 좋다. 우주와 인생과 신앙에 대한 모든 기초를 두고 있다. 단순한 연대기적 시간의 흐름의 출발보다 우리의 삶과 신앙의 근본을 발견할 수 있다.

참고 : 고대 신화의 내용이 성서기자에 의해 신학화 됐다. 메소포타미아지역의 천지창조 신화인 에누마 엘리시(ENUMA ELISI)와 매우 비슷하다. 에누마 엘리시가 그 근원이 되었다는 주장이 가능하다. 이처럼 구약도 과거의 전승되어 온 것을 정리한 것이다. 신약도 제자들의 여러 가지 문서 중에서 선택해서 신학화 했다. 성서 창세기는 고대근동의 신화를 모방한 것만이 아니라 신학화를 통해서 재창조하고 재해석하는 지혜를 가졌다. 성령의 인도하심으로 되어졌다. 분명한 것은 하나님은 인류의 부모이고 세상의 주인이다. 인간의 타락 이후 창조 본연의 세계로 돌아가려는 인간의 공통된 마음(본성적 욕구), 양심대로 살려고 했다. 많은 신화, 민담, 전설에는 하나님을 찾아가려는 공통점이 있다. 지금도 역사하시는 성령의 인도하심에 따라 성서를 보다 깊이 심정적으로 체휼해서 지금 이 시대에 말씀으로 하나님의 음성을 들을 수 있으면 좋겠다. 원리는 창조사건이 있기 전에 하나님의 심정과 창조계획과 창조목적을 구체적으로 밝혀내셨다.

제1장 창세기

하나님이 존재하지 않는다고 생각하는 이유

1. 보이지 않으니까. 원인적인 것은 보이지 않음. 마음, 중력, 힘 - 존재함. 보이면 하나님이 아니다.

2. 느낄 수 없으니까. : 일체되어져 있는 것은 느낄 수 없다. 예를 들면, 1. 몸과 마음이 일체되어져 있기 때문에 느끼지 못하면서 산다. 2. 코딱지가 코에 붙어서 일체되어 있기 때문에 냄새를 못 맡는다. 그러나 코딱지를 떼어서 맡으면 냄새를 느낄 수 있다.

하나님은 느낌을 통해서 아는 것이다. 무형은 느끼고 아는 것이다. 예를 들면, 바람, 날씨, 따뜻한 햇빛.

하나님에 대해서 알 수 없는 이유

1. 하나님과 인간 사이에 사탄이 가로막고 있다.

2. 인간 자신의 정체성에 대해서 모르기 때문에 제3자인 하나님도 알 수 없다. 그러므로 인간 자신에 대해서 알아 나가게 될 때 하나님에 대해서도 알게 되어 진다.

나의 사랑을 성장시켜서 하나님의 사랑을 알아 나가야 한다.

창세기 1 장

창 1:1 태초에 하나님이 <u>천지를 창조하시니라</u>

　창조하지 않으면 안 되는가, 혼자 계시지 않으면 안 되는가, 꼭 창조해야만 하는가, 창조했다면 뭔가 필요 했을 텐데 전지전능한 하나님이 뭐가 필요했을까? 우리처럼 돈, 권력이 필요한 것은 아닐 텐데 무엇이 필요했을까? 다시 말하면 하나님은 무엇이 부족했는가?

　기성교인은 사43:7 영광을 위해서 창조했다고 한다. 천사가 먼저 찬양과 영광과 송영을 드렸는데 인간이 또다시 하나님의 영광을 찬양할 필요가 있었을까? 요일4:8 하나님은 사랑이시다 라고 했다. 하나님은 사랑이 필요했다. 아무리 전지전능한 하나님도 홀로 할 수 없다. 그러므로 창조할 수밖에 없었다.

　성경 1장의 창조사건에는 하나님의 심정에 대한 언급이 없다. 창조사건이 있기 전에 하나님의 심정과 창조계획과 창조목적이 구체적으로 없다.

창 1:2 땅이 혼돈하고 공허하며 흑암이 깊음 위에 있고 하나님의 영은 수면 위에 운행하시니라

　(하나님의 뜻과 동기와 목적을 갖고 생각하는 문학적 표현이다. 모든 것이 드러나지 않은 상태이므로 하나님의 영이 수면에 운행하신다고 하셨다.)

　창조는 혼돈에서 질서로, 공허에서 충만으로, 흑암에서 빛의 세계로 나아가는 것이다. 무(無)라는 것은 없다라는 뜻이 아니고 또 다른 의미로 넉넉하고 차고 넘친다는 뜻도 있다. 그래서 창조는 없다에서 있다로의 의미만은 아니고 차고 넘치는 상태에서 마음먹은 대로(성상), 뜻하는 대로 드러나는 (형상) 과정이다(마음먹은 대로 되면 기쁘다).

창 1:3 하나님이 이르시되 빛이 있으라 하시니 빛이 있었고

창 1:4 빛이 하나님이 보시기에 좋았더라 하나님이 빛과 어둠을 나누사

창 1:5 하나님이 빛을 낮이라 부르시고 어둠을 밤이라 부르시니라 <u>저녁이 되고 아침이 되니 이는 첫째 날이니라</u>

저녁이 되고 아침이 되면 둘째 날이 되어야 하는데 왜 첫째 날이라고 표현했는가? 유대민족은 하루의 시작을 저녁부터 해서 아침에 하루 일과가 마감되었다.

빛이 있으려면 해, 달, 별이 있어야 하는데, 해, 달, 별은 넷째 날 만들어졌다. 이 빛은 물체를 비추는 빛이 아니다. 그러면 무엇인가? 성경은 성경으로 해석해서(종교 개혁자) 주석을 달아야 한다. 그래야 하나님의 말씀으로 해석 된다.

고후4:6 어두운 데에 빛이 비치라 말씀하셨던 그 하나님께서 예수 그리스도의 얼굴에 있는 하나님의 영광을 아는 빛을 우리 마음에 비추셨느니라

요1:1 태초에 말씀이 계시니라 이 말씀이 하나님과 함께 계셨으니 이 말씀은 곧 하나님이시니라

요1:2 그가 태초에 하나님과 함께 계셨고

요1:3 만물이 그로 말미암아 지은 바 되었으니 지은 것이 하나도 그가 없이는 된 것이 없느니라

요1:4그 안에 생명이 있었으니 이 생명은 사람들의 빛이라

요1:5빛이 어둠에 비치되 어둠이 깨닫지 못하더라

빛은 말씀, 로고스, 이법, 설계도, 창조원리이다.

창조원리에 따라서 구체적으로 구상하고 설계하신다.

말씀이 육신 되었다. 구상이 실체화 됐다. 모든 것은 말씀으로 창조되었고, 인간도 말씀으로 창조되었기 때문에 하나님의 진정한 말씀은 성경에 있는 것이 아니고 내 안에(인간 안에) 있는 것이다. 성경은 내 안에 있는 양심을 쳐서 일깨워주는 것이다. 예를 들면, 종을 밖에서 때려서 소리가 나게 하는 것과 같다. 그래서 소리는 종 안에 있다.

창 1:6 하나님이 이르시되 물 가운데에 궁창이 있어 물과 물로 나뉘라 하시고

(생각하고 구상한 것을 실천에 옮기신다. 단순하고 복잡한 것으로부터, 저급한 것에서부터 고급한 것으로 창조하신다.)

창 1:7 하나님이 궁창을 만드사 궁창 아래의 물과 궁창 위의 물로 나뉘게 하시니 그대로 되니라

창 1:8 하나님이 궁창을 하늘이라 부르시니라 저녁이 되고 아침이 되니 이는 둘째 날이니라

창 1:9 하나님이 이르시되 천하의 물이 한 곳으로 모이고 뭍이 드러나라 하시니 그대로 되니라

창 1:10 하나님이 뭍을 땅이라 부르시고 모인 물을 바다라 부르시니 하나님이 보시기에 좋았더라

뭍을 땅, 창1:2에 땅이 있는데 창1:10에 뭍을 땅이라는 것은 무엇인가? 땅은 존재기반을 의미하는 것으로서, 창1:10의 땅은 육적 기반의 땅이고 창1:2의 땅은 하나님이 존재하기 위한 땅이다. 왜냐하면 하나님도 존재하시려면 땅이 필요하다. 그러면 하나님의 존재 기반의 땅은 어떤 땅인가? 그것은 인간이다. 하나님의 존재기반은 인간이기 때문이다. 그런데 인간이 나타나

기 전이었기 때문에 하나님은 수면에 운행만 하신다. 그러므로 하나님의 성전은 인간이라고 하셨다. 하나님은 인간에 머무르려고 하신다. 하나님은 인간이 되고 싶어 하신다. 하나님은 인간을 통해서 하나님 당신 자신을 보고 싶어 하신다. 성상이 형상화될 때, 마음먹은 것이 나타나게 될 때 기쁘다.

창 1:11 하나님이 이르시되 땅은 풀과 씨 맺는 채소와 각기 종류대로 씨 가진 열매 맺는 나무를 내라 하시니 그대로 되어

창2:5~7절은 사람이 먼저 창조되고 식물이 나중에 창조되는 것으로 되어 있다. 이런 내용은 창세기 2장의 기자는 인간을 중심으로 모든 것이 존재하게 됐다는 관점이 있었기 때문에 인간이 먼저 창조되고 식물이 창조되었다고 썼다.

창 1:12 땅이 풀과 각기 종류대로 씨 맺는 채소와 각기 종류대로 씨 가진 열매 맺는 나무를 내니 하나님이 보시기에 좋았더라

창 1:13 저녁이 되고 아침이 되니 이는 셋째 날이니라

창 1:14 하나님이 이르시되 하늘의 궁창에 광명체들이 있어 낮과 밤을 나뉘게 하고 그것들로 징조와 계절과 날과 해를 이루게 하라

날짜는 창1:14처럼 넷째 날 두셨는데 앞에 절에 있는 첫째 날부터 셋째 날까지의 날짜는 무엇을 의미하는가.

[저녁이 되어서 아침이 되니 첫째 날이 아님]

시90:4 주의 목전에는 천 년이 지나간 어제 같으며 밤의 한 순간 같을 뿐임이니이다

벧후3:8 사랑하는 자들아 주께는 하루가 천 년 같고 천 년이 하루 같다는 이 한 가지를 잊지 말라

욥10:5주의 날이 어찌 사람의 날과 같으며 주의 해가 어찌 인생의 해와 같기로

이와 같이 하나님이 말씀하시는 날짜와 인간이 생각하는 날짜는 개념이 다르다. 이것은 첫째 날, 둘째 날이 아니고 첫 단계, 둘째 단계로 이해해야 된다. 그래서 창조는 6일 창조가 아니고 어싯 단계의 과정을 통해서 수 백억 년의 기간 동안 창조가 이루어졌다. 사랑하는 자녀를 위한 창조였기에 천 년을 하루같이 기쁜 마음으로 수고와 정성을 들이셨다.

창 1:15 또 광명체들이 하늘의 궁창에 있어 땅을 비추라 하시니 그대로 되니라

창 1:16 하나님이 두 큰 광명체를 만드사 큰 광명체로 낮을 주관하게 하시고 작은 광명체로 밤을 주관하게 하시며 또 별들을 만드시고

창 1:17 하나님이 그것들을 하늘의 궁창에 두어 땅을 비추게 하시며

창 1:18 낮과 밤을 주관하게 하시고 빛과 어둠을 나뉘게 하시니 하나님이 보시기에 좋았더라

창 1:19 저녁이 되고 아침이 되니 이는 넷째 날이니라

창 1:20 하나님이 이르시되 물들은 생물을 번성하게 하라 땅 위 하늘의 궁창에는 새가 날으라 하시고

창 1:21 하나님이 큰 바다 짐승들과 물에서 번성하여 움직이는 모든 생물을 그 종류대로, 날개 있는 모든 새를 그 종류대로 창조하시니 하나님이 보시기에 좋았더라

창 1:22 하나님이 그들에게 복을 주시며 이르시되 생육하고 번성하여 여러 바닷물에 충만하라 새들도 땅에 번성하라 하시니라

만물은 인간의 생존을 위한 기반이고 주관 받아야 하는 존재이기 때문에 두 가지 축복만 주셨다.

창 1:23 저녁이 되고 아침이 되니 이는 다섯째 날이니라

창 1:24 하나님이 이르시되 땅은 생물을 그 종류대로 내되 가축과 기는 것과 땅의 짐승을 종류대로 내라 하시니 그대로 되니라

창 1:25 하나님이 땅의 짐승을 그 종류대로, 가축을 그 종류대로, 땅에 기는 모든 것을 그 종류대로 만드시니 하나님이 보시기에 좋았더라

종류대로 창조했다는 말씀이 5번이나 나온다. 이 말씀이 강조되는 것은 모든 존재는 진화가 아니라 각 종류대로 창조하셨다는 말씀이다. 그러기 때문에 생물학적으로도 종의 변화는 없다. 과학은 HOW에 대한 질문이다. 결과의 질문을 알아가는 것이다(인과론). 종교는 WHY에 대한 질문이다. 원인, 본질의 질문에 대해서 알아가는 것이다(인연론).

(참고) 진화론을 발표한 다윈과 그 시대의 진화론이 널리 퍼지게 된 이유에 대해서 알아보자. 다윈(1809~1882)은 부친의 경제력으로 자신은 큰 노력을 하지 않아도 되었다. 피로와 병마의 연속으로 노동을 하기 어려웠다. 진화론은 자본주의 계층이 대두되면서 이익증가의 정당성을 부여해 주는 새로운 사상의 요구에 부합되었다. 예수님 말씀의 핵심은 이웃사랑의 말씀이므로 그 당시 자본가들은 양심의 가책을 받았다. 진화론은 강자가 약자를 착취하여도 된다는 자연법칙이므로 양심의 괴로움을 당하지 않아도 되는 희소식이 되었다. 진화론은 부르주아 계층이 좋아했다. 이런 상황에서 기독교가 대안을 제시하지 못하자, 부익부, 빈익빈을 타개하기 위해 공산주의를 주장하게 됐다. 이러한 내용을 극복하기 위해서는 창조에 대한 부족한 인식과 타락성을 제대로 설명해야 된다.

창 1:26 하나님이 이르시되 우리의 형상을 따라 우리의 모양대로 우리가 사람을 만들고 그들로 바다의 물고기와 하늘의 새와 가축과 온 땅과 땅에 기는 모든 것을 다스리게 하자 하시고

(창1:26~31 사랑하는 대상자인 인간과 같이 기쁨을 공유하고 공감한다.)

다스리게 : 攝(다스리다) 理(원리, 이치, 법도) 자연계와 영적세계를 지배

하는 원리가 있다.

하자 하시고 : 창조하기 전에 구상과 계획이 있었다.

창 1:27 하나님이 자기 형상 곧 하나님의 형상대로 사람을 창조하시되 남자와 여자를 창조하시고

2500년 전의 시대적 상황을 넘어서 남녀 절대평등을 말씀하셨다. 하나님의 계시의 말씀이라는 증거이다.

창 1:28 하나님이 그들에게 복을 주시며 하나님이 그들에게 이르시되 생육하고 번성하여 땅에 충만하라, 땅을 정복하라, 바다의 물고기와 하늘의 새와 땅에 움직이는 모든 생물을 다스리라 하시니라

그들에게 이르시되 : 타락 전에는 인간은 하나님의 음성을 듣고 교제할 수 있었다.

인간에게는 생육, 번성, 만물주관이라는 3대축복을 주셨다. 우리 인간은 하나님의 형상이므로 3대축복을 이루어서 하나님을 닮은 인간이 되어야 한다. 인간은 하나님의 참사랑, 참생명, 참혈통을 받고 태어난 자녀이다. 예를 들면, 소의 아들인 송아지는 풀을 먹고 커서 소가 돼야 한다. 말의 아들인 망아지는 풀을 먹고 말이 돼야 된다. 개의 아들인 강아지도 커서 개가 돼야 된다. 하나님의 아들인 인간은 커서 말씀을 먹고 하나님이 돼야 된다. 하나님은 부모로 계시기 때문에 우리도 생육하고 번성해서 부모가 돼야 된다.

창 1:29 하나님이 이르시되 내가 온 지면의 씨 맺는 모든 채소와 씨 가진 열매 맺는 모든 나무를 너희에게 주노니 너희의 먹을 거리가 되리라

창 1:30 또 땅의 모든 짐승과 하늘의 모든 새와 생명이 있어 땅에 기는 모든 것에게는 내가 모든 푸른 풀을 먹을 거리로 주노라 하시니 그대로 되니라

창 1:31 하나님이 지으신 그 모든 것을 보시니 보시기에 심히 좋았더

라 저녁이 되고 아침이 되니 이는 여섯째 날이니라

모든 것을 보시기에 심히 좋았더라 : 자식이 선해야 기쁘시다.

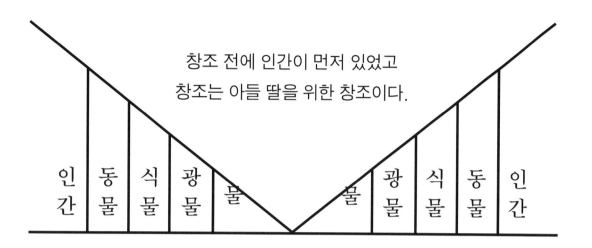

예를 들면 다이아 반지를 만들 때도 링을 만들고 받침대를 만들고 다 준비된 토대 위에 마지막에 가장 중요한 다이아를 그 위에 얹혀놓는다. 부모가 자식을 사랑으로 새로운 생명을 임신할 때도 자식이 태어나기 전에 준비하고 자식을 낳는다.

창조의 과정(출 31:15~17 7일 창조)

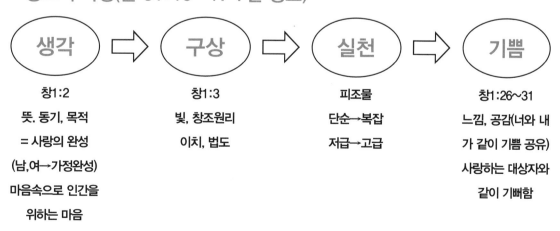

1장 창조원리

1절 이성성상 :

피조세계가 존재하는 원칙, 양식, 천지창조의 기본적인 틀

성상(속성),형상(본질) → 무형, 유형 상대적 관계 : 하나 되면 동질이 된다(영계와 육계, 하나님과 인간)

종적 주체대상(부모, 자식, 하나님, 인간) : 지시명령 가능하다 : 뜻, 동기 목적, 방향, 가치관이 같다.

횡적 주체대상(부부관계, 상보, 의논, 격려)

양성, 음성은 성상, 형상 속에 있는 속성

양성, 음성의 구조, 기능 : 상대적 관계 : 남과 여, 전(+)(-) 각각 떨어져 있을 때는 의미가 없지만 하나 되면 창조이상이 실현되므로 절대가치가 보장된다(실현된다).

성상은 성질이고 형상은 형태, 구조이다. 무형의 하나님 성상이 유형의 인간으로 나타난 것이다. 마음먹은 대로 되는 것. 무형이 유형으로 나타난 것이다.

2절 만유원력 :

하나님께서 영원히 자존하시기 위한 절대적인 힘이다.

피조물이 존재하기 위한 모든 힘을 발생케하는 근본 된 힘 : 생명체를 만든다(생존,번식,발전의 근원). 원인적인 힘

만유인력 : 생명이 없음. 결과적인 힘

예를 들어, 사춘기의 충동 암컷 수컷 교미, 양심의 힘, 정의의 힘, 부모 자식의 힘. 방향성과 목적성이 선을 지향한다(윤리성이 개재되어 있음). 존재하는 곳에 힘이 있고 힘이 있는 곳에 존재하는 것이다. (존재↔힘) 마음의 존재 증명은 사랑의 작용, 양심, 선의 작용이 있기 때문이다.

수수작용 : 주체와 대상이 만유원력에 의해 상대기준을 조성하여 잘 주고 잘 받는 작용이다(결과적인 것).

잘 주는 것 : 선한 것. 받으려고 주지 않는 것. 주체자를 경유해서 부모 중심으로

부부, 형제, 친구와 교류한다.

잘 받는 것 : 정성 들여서 감사함으로 받는 것이다.

3절 :

정분합작용에 의하여 삼대상목적을 이룬 사위기대 가정완성을 통한 하나님의 영원한 창조목적이 완성된다.

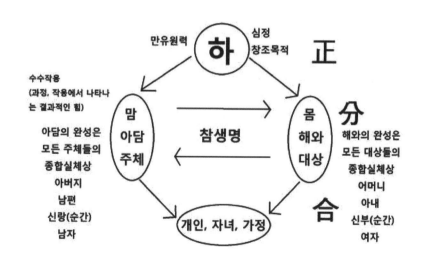

4절

존재의 가치 : 사회혼란은 가치관의 문제이다 → 가치의 결정

가치 : 돈의 가치는 만드는 자가 결정한다.

하나님이 가치를 결정한다.

가치결정

①상대적 관계를 통해서 결정된다.

②존재 목적이 실현될 때 가치가 형성된다(창조목적이 실현된다).

③주체의 욕구에 의해서 대상의 가치가 형성된다.

④창조목적을 성취됐을 때만 창조본연의 가치가 나타난다.

창조본연의 가치 결정 : 개성체의 창조본연의 가치가 실현된다(사위기대 완성).

4절 가치

창조목적 하나님의 마음, 심정으로 느끼고 하나님 눈으로 본다.

= 참사랑 만유원력(선한마음)을 중심하고 수수작용해서 하나 되어야 영원.불변.유일.절대가치가 실현되고 완성한다.

내 눈, 마음이 하나님의 마음과(일치) 눈으로 봐야 대상의 진정한 가치가 실현된다.

→ 하나님과 완성한 인간이 기준

만유원력(종적), 수수작용(횡적), 정분합(시간)을 거쳐서 (과정적)

사위기대(결과)가 완성된다(공간).

사위기대 존재양상의 핵심은 최초로 완성한 아담해와의 완성이다. 아담해와의 완성은 가정에서 완성된다. 하나님의 영원한 안식처이다.

5절 : 피조세계의 창조과정과 그의 성장과정

성장기간이 필요하다. 알 → 병아리(유아기) → 닭

교육론 : 인간은 사랑의 교육이 필요하다. 말씀을 책임분담 해야 한다. 동물은 사육된다. 하나님(만유원력)과 마음이 관통할 수 있는 것은 생심을 통해서 한다.

6절 : 인간을 중심한 무형실체세계와 유형실체세계

(37쪽의 부활과 영생에서 자세히 설명함)

창세기 2 장

창 2:1 천지와 만물이 다 이루어지니라

창 2:2 하나님이 그가 하시던 일을 일곱째 날에 마치시니 그가 하시던 모든 일을 그치고 일곱째 날에 안식하시니라

하나님은 인간을 위해서 모든 것을 준비하시고 그 기반 위에 인간을 맨 마지막에 창조하셨다. 인간도 부모가 자식이 태어나기 전에 모든 것을 준비하고 출산한다.

창 2:3 하나님이 그 일곱째 날을 복되게 하사 거룩하게 하셨으니 이는 하나님이 그 창조하시며 만드시던 모든 일을 마치시고 그 날에 안식하셨음이니라

안(安)식(息) : 딸(女)이 하나님(宀)안에 계실 때 쉬(息)실 수 있다.

지금도 하늘부모님은 집 나간 딸을 기다리는 심정으로 찾으신다. 우리 모든 인간은 빨리 하늘부모님 품으로 돌아가서 하나님을 안식시켜 드려야 한다. 인간도 하나님 품으로 돌아갈 때 안식과 평안을 누릴 수 있다.

시간이 단지 5분밖에 남지 않았다면 자신의 소중한 사람에게 연락할 것이다. 예를 들어, 9.11테러에서 희생당한 사람들이 남긴 문자와 마지막 통화에서 입증되었다. 사랑해야 할 소중한 사람, 사랑하지 못한 일, 사랑해주지 못한 일, 사랑을 놓치지 말자.

창2:4~3장은 인간이 살아가야할 내용을 구체적으로 말씀하셨다.

3대축복의 말씀이 구체적으로 나와 있다.

1. 생육 : 창2:7 몸과 생령이 잘 성장해서 성령의 열매를 맺어야 된다.

2. 번성 : 창2:21~24 개성완성해서 인간은 부모로부터 독립해야 된다. 독립하기 전까지는 부모가 잘 성장하는데 도와줘야 된다.

3. 만물주관 : 창2:15 사랑의 인격을 가진 인간이 만물을 다스려야 한다.

창 2:4 이것이 천지가 창조될 때에 하늘과 땅의 내력이니 여호와 하나님이 땅과 하늘을 만드시던 날에

창 2:5 여호와 하나님이 땅에 비를 내리지 아니하셨고 땅을 갈 사람도 없었으므로 들에는 초목이 아직 없었고 밭에는 채소가 나지 아니하였으며

창1장은 창조주를 하나님이라고 표현되어 있지만 창2:4절부터는 창조주를 여호와(야훼) 하나님이라고 표현되어 있다. 이것은 창1장 기자와 창2장 기자가 다르다는 반증이다.

창 2:6 안개만 땅에서 올라와 온 지면을 적셨더라

창 2:7 여호와 하나님이 땅의 흙으로 사람을 지으시고 생기를 그 코에 불어넣으시니 사람이 생령이 되니라

(생육하라 : 몸과 영혼을 완성해서 개성완성을 이루어야 한다.)

흙으로 사람을 지으시고 : 우리는 매일 흙을 먹는다. 왜냐하면 야채는 흙에서 나왔고, 소와 돼지는 식물에서 나왔기 때문에 결국은 매일 흙을 통해서 생명을 성장, 유지하면서 만들어간다(육신 창조).

생기를 그 코에 불어넣으시니 사람이 생령이 되니라 : 인간의 영혼은 하나님의 생령의 씨를 받아서 생령(살아있는 영)이 되었으니 하나님의 말씀대로 성장하여 자신의 생령을 하나님을 닮은 성령으로 키워 인간완성을 이루는 것이다(영혼창조). 자신의 사랑을 키워서 하나님의 사랑을 찾아가는 것이다.

창 2:8 여호와 하나님이 동방의 에덴에 동산을 창설하시고 그 지으신 사람을 거기 두시니라

동방: 모든 것의 출발은 동쪽에서 시작된다는 말씀이다. 끝 날의 재림주님도 새역사를 출발하시기 위하여 동방에서 오신다. 하나님은 시작(알파)과 끝(오메가)이 같다.

하나님은 왜 인간을 타락시키게 하는 뱀도 있고 인간을 죽게 만드는 선악나무의 열매가 있는 에덴에 두었을까? 이렇게 위험한 곳이 에덴일 수 있을까?

에덴 : 기쁨의 동산, 낙원이라는 뜻으로서 방위적 장소적 개념이 아니다.

 1.하늘과 땅이 일치된 곳이다. 하늘과 땅이 구별이 없다.

 2.하나님과 인간이 같이 있는 곳이다.

 3. 하나님이 사랑과 진리로 주관하는 곳이다. 기쁨의 세계이다.

뱀도 실제의 파충류의 뱀이 아니고 선악나무의 열매도 실제인 열매가 아니다.

3장에서 자세히 알아보자.

창 2:9 여호와 하나님이 그 땅에서 보기에 아름답고 먹기에 좋은 나무가 나게 하시니 동산 가운데에는 생명 나무와 선악을 알게 하는 나무도 있더라

딤전4:4 하나님께서 지으신 모든 것은 선하다. 모든 것은 인간을 위해서 창조한 것이다.

동산 가운데에는 생명 나무와 선악을 알게 하는 나무도 있더라 : 하나님 심정의 한 가운데에는 창조이상을 완성한 남자와 창조이상을 완성한 여자가 기쁨의 중심이다.

생명나무는 진리의 실체인 창조이상을 완성한 남자다. 선악을 알게 하는 나무는 사랑의 실체인 창조이상을 완성할 여자다. 선악을 알게 하는 나무라고 표현한 것은 해와는 성장과정을 통해서 선의 결과를 맺을 수도 있고 악의 결과를 맺을 수도 있기 때문에 선악을 알게 하는 나무라고 상징했다.

창 2:10 강이 에덴에서 흘러 나와 동산을 적시고 거기서부터 갈라져 네 근원이 되었으니

강 : 생명의 근원 상징 에덴: 하나님이 계신 곳

4수 : 땅의 수 네 근원 : 땅의 근본

땅(네 근원)의 모든 생명(강)은 하나님이 계신 곳(에덴)에서 출발했다는 의미이다.

창 2:11 첫째의 이름은 비손이라 금이 있는 하윌라 온 땅을 둘렀으며

창 2:12 그 땅의 금은 순금이요 그 곳에는 베델리엄과 호마노도 있으며

창 2:13 둘째 강의 이름은 기혼이라 구스 온 땅을 둘렀고

창 2:14 셋째 강의 이름은 힛데겔이라 앗수르 동쪽으로 흘렀으며 넷째 강은 유브라데더라

창 2:15 여호와 하나님이 그 사람을 이끌어 에덴 동산에 두어 그것을 경작하며 지키게 하시고

(제3축복인 만물주관이다.) 만물을 주관하게 되어있다.

창 2:16 여호와 하나님이 그 사람에게 명하여 이르시되 동산 각종 나무의 열매는 네가 임의로 먹되

너희가 지식을 구하고, 예술을 구하고, 취미활동을 해도 좋다.

창 2:17 선악을 알게 하는 나무의 열매는 먹지 말라 네가 먹는 날에는 반드시 죽으리라 하시니라

그러나 횡적인 이성의 사랑은 함부로 하지 말라. '네가 먹는 날에는 반드시 죽으리라' 뜻은 즉시 죽는다는 것이다. 아담은 하나님과 교제할 수 있었다. 영적인 존재이다.

창 2:18 여호와 하나님이 이르시되 사람이 혼자 사는 것이 좋지 아니하니 내가 그를 위하여 돕는 배필을 지으리라 하시니라

아담 이외에 사람이 없었다. 자식이 외로우니 부모 되신 하나님도 심정이 좋지 않다. 그래서 아담에게 사랑의 대상인 하와를 창조해주셨다.

인간도 하나님을 닮아서 사랑해야 기쁘고 행복하다.

창 2:19 여호와 하나님이 흙으로 각종 들짐승과 공중의 각종 새를 지으시고 아담이 무엇이라고 부르나 보시려고 그것들을 그에게로 이끌어 가시니 아담이 각 생물을 부르는 것이 곧 그 이름이 되었더라

이 구절에서는 인간이 먼저 있고 나중에 짐승과 새가 지음을 받았음이 나온다. 그것은 인간이 창조의 중심이라는 것을 강조한 것이다.

창 2:20 아담이 모든 가축과 공중의 새와 들의 모든 짐승에게 이름을 주니라 아담이 돕는 배필이 없으므로

아담은 하나님과 천사와 교통할 수 있었다. 아담은 매우 똑똑한 존재이다. 많은 것을 기억하면서 이름을 지을 수 있는 존재이다.

창 2:21 여호와 하나님이 아담을 깊이 잠들게 하시니 잠들매 그가 그 갈빗대 하나를 취하고 살로 대신 채우시고

창 2:22 여호와 하나님이 아담에게서 취하신 그 갈빗대로 여자를 만드시고 그를 아담에게로 이끌어 오시니

갈빗대 : 욥40:18 가릿대, 계15:5 철장 말씀. 남자가 여자와 하나님의 말씀을 교류해서 여자를 창조한다는 뜻이다. 갈비뼈는 생명이 살아 있음을 느끼게 해 주는 약동하는 심장을 보호해 주는 인체의 기관이다. 심장의 맥박이 멈추면 사망한 것으로 여기던 고대의 생명관을 성서의 기자는 전제로 해야 한다. 갈빗대를 나눔은 바로 생명을 나눔을 의미한다. 이는 곧 남성과 여성은 뗄 수 없는 생의 동반자라는 선언이기도 하다. 남녀 공존의 신비를 서술한 것이다. 에덴(Eden, 환희) 동산은 아름다운 자연 속에서 남성과 여성이

하나님을 중심하고 사랑을 나눌 때에 이루어진다. 남자 안에는 여자가 내재되어있다는 뜻이다. 절친한 친구, 생명을 돕는다는 뜻이 포함되어 있다.

창 2:23 아담이 이르되 이는 내 뼈 중의 뼈요 살 중의 살이라 이것을 남자에게서 취하였은즉 여자라 부르리라 하니라

창 2:24 이러므로 남자가 부모를 떠나 그의 아내와 합하여 둘이 한 몸을 이룰지로다

(가정완성) 에덴의 전통은 종교가 있었던 것이 아니고 가정이 있었던 것이다. 참가정을 이루는 것이 에덴의 전통이다.

창세기 3 장

창 3:1 그런데 뱀은 여호와 하나님이 지으신 들짐승 중에 가장 간교하니라 뱀이 여자에게 물어 이르되 하나님이 참으로 너희에게 동산 모든 나무의 열매를 먹지 말라 하시더냐

하나님의 창조는 전부 인간을 위한 창조인데 왜 간교한 뱀을 창조하였을까? 실제의 파충류의 뱀이 아니라 인간을 영적으로 돕는 선한 천사이다. 결과적으로 천사가 타락한 존재가 되었으므로 뱀이라고 상징적으로 표현했다.

창 3:2 여자가 뱀에게 말하되 동산 나무의 열매를 우리가 먹을 수 있으나

창 3:3 동산 중앙에 있는 나무의 열매는 하나님의 말씀에 너희는 먹지도 말고 만지지도 말라 너희가 죽을까 하노라 하셨느니라

실제로 먹고 죽지 않았다. 아담은 육신으로 930살까지 살았다. 그러면 하나님의 말씀보다 뱀의 말이 맞는 것이었을까? 하나님은 육신의 생명보다 더 중요한 사랑(영적)의 생명이 단절되는 죽음을 말씀하신 것이다.

창 3:4 뱀이 여자에게 이르되 너희가 결코 죽지 아니하리라

뱀이 지혜롭게 말함으로 하와도 헷갈렸을 것이다.

창 3:5 너희가 그것을 먹는 날에는 너희 눈이 밝아져 하나님과 같이 되어 선악을 알 줄 하나님이 아심이니라

뱀이 하와를 비원리적인 말로 유혹해서 하나님을 왜곡시키고 비원리적인 사랑을 하게 함으로 잘못된 사랑의 눈을 뜨게 됐다.

창 3:6 여자가 그 나무를 본즉 먹음직도 하고 보암직도 하고 지혜롭게 할 만큼 탐스럽기도 한 나무인지라 여자가 그 열매를 따먹고 자기와 함께 있는 남편에게도 주매 그도 먹은지라

창 3:7 이에 그들의 눈이 밝아져 자기들이 벗은 줄을 알고 무화과나무 잎을 엮어 치마로 삼았더라

비원리적인 사랑의 눈을 뜸으로 부끄러웠다.

창 3:8 그들이 그 날 바람이 불 때 동산에 거니시는 여호와 하나님의 소리를 듣고 아담과 그의 아내가 여호와 하나님의 낯을 피하여 동산 나무 사이에 숨은지라

창 3:9 여호와 하나님이 아담을 부르시며 그에게 이르시되 네가 어디 있느냐

창 3:10 이르되 내가 동산에서 하나님의 소리를 듣고 내가 벗었으므로 두려워하여 숨었나이다

하나님은 지금도 우리에게 어디 있느냐고 묻고 계신다. 그럴 때 우리는 부끄럽지 않은 모습으로 떳떳하게 하나님 앞에 나아갈 수 있는 우리의 모습이 되어야겠다.

창 3:11 이르시되 누가 너의 벗었음을 네게 알렸느냐 내가 네게 먹지 말라 명한 그 나무 열매를 네가 먹었느냐

창 3:12 아담이 이르되 하나님이 주셔서 나와 함께 있게 하신 여자 그가 그 나무 열매를 내게 주므로 내가 먹었나이다

죄를 회개하지 않고 핑계 대면서 하와에게 책임을 전가했다.

창 3:13 여호와 하나님이 여자에게 이르시되 네가 어찌하여 이렇게 하였느냐 여자가 이르되 뱀이 나를 꾀므로 내가 먹었나이다

창 3:14 여호와 하나님이 뱀에게 이르시되 네가 이렇게 하였으니 네가 모든 가축과 들의 모든 짐승보다 더욱 저주를 받아 배로 다니고 살아 있는 동안 흙을 먹을지니라

타락한 천사는 하나님의 주관권에 벗어나서 생소를 받지 못하고 비원리적인 세계에서 살게 된다는 것이다.

창 3:15 내가 너로 여자와 원수가 되게 하고 네 후손도 여자의 후손과 원수가 되게 하리니 여자의 후손은 네 머리를 상하게 할 것이요 너는 그의 발꿈치를 상하게 할 것이니라 하시고

하와의 후손에서 메시아가 오서서 뱀을 심판할 것이다. 창세기에도 이와 같이 예언의 말씀이 있다.

창 3:16 또 여자에게 이르시되 내가 네게 임신하는 고통을 크게 더하리니 네가 수고하고 자식을 낳을 것이며 너는 남편을 원하고 남편은 너를 다스릴 것이니라 하시고

하나님께 가장 귀한 존재인 여자가 가장 고통을 받는 삶이 된다. 자식에게 고통받고 남편에게도 고통을 받게 된다.

창 3:17 아담에게 이르시되 네가 네 아내의 말을 듣고 내가 네게 먹지 말라 한 나무의 열매를 먹었은즉 땅은 너로 말미암아 저주를 받고 너는 네 평생에 수고하여야 그 소산을 먹으리라

남자도 인생이 고달파진다.

창 3:18 땅이 네게 가시덤불과 엉겅퀴를 낼 것이라 네가 먹을 것은 밭의 채소인즉

창 3:19 네가 흙으로 돌아갈 때까지 얼굴에 땀을 흘려야 먹을 것을 먹으리니 네가 그것에서 취함을 입었음이라 너는 흙이니 흙으로 돌아갈 것이니라 하시니라

하나님의 생소를 받지 못하고 사탄의 주관권에서 살게 된다.

창 3:20 아담이 그의 아내의 이름을 하와라 불렀으니 그는 모든 산 자의 어머니가 됨이더라

창 3:21 여호와 하나님이 아담과 그의 아내를 위하여 가죽옷을 지어 입히시니라

하나님은 그럼에도 불구하고 인간의 부끄러움을 가려주고 용서하신다.

창 3:22 여호와 하나님이 이르시되 보라 이 사람이 선악을 아는 일에 우리 중 하나 같이 되었으니 그가 그의 손을 들어 생명 나무 열매도 따먹고 영생할까 하노라 하시고

창 3:23 여호와 하나님이 에덴 동산에서 그를 내보내어 그의 근원이 된 땅을 갈게 하시니라

창 3:24 이같이 하나님이 그 사람을 쫓아내시고 에덴 동산 동쪽에 그룹들과 두루 도는 불 칼을 두어 생명 나무의 길을 지키게 하시니라

아담은 창조이상을 완성한 남자가 되지 못한다. 천사가 가로막는다. 이유는 사랑의 인격자가 되지 못한 자는 완성된 사람이 될 수 없다. 그러므로 천사를 주관할 자격자도 안 된다.

창세기 4 장

창 4:1 아담이 그의 아내 하와와 동침하매 하와가 임신하여 가인을 낳고 이르되 내가 여호와로 말미암아 득남하였다 하니라 그가 또 가인의 아우 아벨을 낳았는데 아벨은 양 치는 자였고 가인은 농사하는 자였더라

아담은 두 주인을 대하는 입장이므로 하나님이 더 이상 아담을 상대할 수 없어서 부모의 죄를 자식을 통해서 용서하고 죄를 벗겨주고 구원해주시려고 하셨다.

창 4:3 세월이 지난 후에 가인은 땅의 소산으로 제물을 삼아 여호와께 드렸고

인간은 말씀으로 하나님 앞에 산 제사를 드려야 하지만 타락으로 만물보다 못한 입장 가운데 있음으로 제물을 드려서 하나님께 나아가게 됐다. 인류의 종교 출발이 샤머니즘으로 출발하게 되었다.

제물을 가인과 아벨이 각각 드렸다는 것은 형제가 불화했다는 것이다. 이럴 때는 부모가 잘 중재해줘야 했으나 아담과 하와는 무심했다. 그러므로 형제간의 살육의 현장을 보게 되는 고통을 받게 됐다. 가인이 농업의 삶을 살았다는 것은 정착하는 생활이었다. 타락한 인간은 정착하지 않고 이동하는 삶을 살아야 한다. 아벨은 목축업을 하면서 이동하는 삶을 살았다. 타락한 입장에서 아벨의 삶이 훌륭했다.

창 4:4 아벨은 자기도 양의 첫 새끼와 그 기름으로 드렸더니 여호와께

서 아벨과 그의 제물은 받으셨으나

창 4:5 가인과 그의 제물은 받지 아니하신지라 가인이 몹시 분하여 안색이 변하니

부족한 가인도 하나님이 자신의 제물을 받지 않는 것을 알았다. 우리는 우리의 기도를 하나님께서 받는지 안 받는지 알고 있는가?

창 4:6 여호와께서 가인에게 이르시되 네가 분하여 함은 어찌 됨이며 안색이 변함은 어찌 됨이냐

가인은 자신이 드리는 제물을 받을 수 없는 하나님의 사정(원리,원칙)을 먼저 헤아렸어야 했다.

창 4:7 네가 선을 행하면 어찌 낯을 들지 못하겠느냐 선을 행하지 아니하면 죄가 문에 엎드려 있느니라 죄가 너를 원하나 너는 죄를 다스릴지니라

하나님께서는 가인에게 사탄이 쉽게 주관할 수 있는 입장이므로 항상 자기 관리를 잘해야 한다고 경고하셨다.

창 4:8 가인이 그의 아우 아벨에게 말하고 그들이 들에 있을 때에 가인이 그의 아우 아벨을 쳐죽이니라

부모의 사랑이 잘못되어서 자식은 생명을 죽이는 비극이 벌어졌다. 하나님은 아담가정에서 사랑을 잃고 생명을 잃게 되었다. 더 이상 아담가정에서 구원섭리를 진행할 수 없게 되었다.

창 4:9 여호와께서 가인에게 이르시되 네 아우 아벨이 어디 있느냐 그가 이르되 내가 알지 못하나이다 내가 내 아우를 지키는 자니이까

아직은 영적으로 살아있었다. 가인은 하나님과 대화했다. 이후에는 아무 말씀이 없었다.

창 4:10 이르시되 네가 무엇을 하였느냐 네 아우의 핏소리가 땅에서

부터 내게 호소하느니라

창 4:11 땅이 그 입을 벌려 네 손에서부터 네 아우의 피를 받았은즉 네가 땅에서 저주를 받으리니

창 4:12 네가 밭을 갈아도 땅이 다시는 그 효력을 네게 주지 아니할 것이요 너는 땅에서 피하며 유리하는 자가 되리라

창 4:13 가인이 여호와께 아뢰되 내 죄짐을 지기가 너무 무거우니이다

창 4:14 주께서 오늘 이 지면에서 나를 쫓아내시온즉 내가 주의 낯을 뵈옵지 못하리니 내가 땅에서 피하며 유리하는 자가 될지라 무릇 나를 만나는 자마다 나를 죽이겠나이다

아담은 첫 사람이지만 가인, 아벨은 섭리의 중심인물이다. 자녀들이 많이 있었다. 그러므로 가인이 아벨을 살해한 내용을 주변 사람들이 다 알고 있었다. 그러나 하나님은 다른 형제들로부터 용서하고 보호해주시려고 했다.

창 4:15 여호와께서 그에게 이르시되 그렇지 아니하다 가인을 죽이는 자는 벌을 칠 배나 받으리라 하시고 가인에게 표를 주사 그를 만나는 모든 사람에게서 죽임을 면하게 하시니라

가인을 용서하고 보호하신다.

창 4:16 가인이 여호와 앞을 떠나서 에덴 동쪽 놋 땅에 거주하더니 유리함

창 4:17 아내와 동침하매 그가 임신하여 에녹을 낳은지라 가인이 성을 쌓고 그의 아들의 이름으로 성을 이름하여 에녹이라 하니라

가인(악)의 역사가 먼저 출발하게 되었다. 서로 소통하지 않음으로 원수가 되었다.

창 4:18 에녹이 이랏을 낳고 이랏은 므후야엘을 낳고 므후야엘은 므드사엘을 낳고 므드사엘은 라멕을 낳았더라

창 4:19 라멕이 두 아내를 맞이하였으니 하나의 이름은 아다요 하나의 이름은 씰라였더라

혼인 문란으로 도덕과 윤리가 무너지고 여자의 인권은 유린되었다. 사랑의 질서가 파괴되었다.

창 4:20 아다는 야발을 낳았으니 그는 장막에 거주하며 가축을 치는 자의 조상이 되었고

창 4:21 그의 아우의 이름은 유발이니 그는 수금과 통소를 잡는 모든 자의 조상이 되었으며

창 4:22 씰라는 두발가인을 낳았으니 그는 구리와 쇠로 여러 가지 날카로운 기구를 만드는 자요 두발가인의 누이는 나아마였더라

살육하는 무기를 만들었다.

창 4:23 라멕이 아내들에게 이르되 아다와 씰라여 내 목소리를 들으라 라멕의 아내들이여 내 말을 들으라 나의 상처로 말미암아 내가 사람을 죽였고 나의 상함으로 말미암아 소년을 죽였도다

후손들도 살인을 하게 되었다.

창 4:24 가인을 위하여는 벌이 칠 배일진대 라멕을 위하여는 벌이 칠십칠 배이리로다 하였더라

창 4:25 아담이 다시 자기 아내와 동침하매 그가 아들을 낳아 그의 이름을 셋이라 하였으니 이는 하나님이 내게 가인이 죽인 아벨 대신에 다른 씨를 주셨다 함이며

하나님의 뜻은 절대적이므로 구원섭리를 하시기 위해 셋을 낳아서 복귀섭리를 진행하셨다.

창 4:26 셋도 아들을 낳고 그의 이름을 에노스라 하였으며 그 때에 사람들이 비로소 여호와의 이름을 불렀더라

성경역사와 인류역사의 연대기 비교

아담	아브라함	예수님	현대
상징적 연대	**형상적 연대**	**실체적 연대**	
2000년	**2000년**	**2000년**	
선사시대 문자 없음	청동기 시대 문자가 완전히 정립되지 않았음 구전되어 내려온 내용이라서 정확한 연대를 알 수 없음	철기시대 문자가 있음	

제2장 성경에 관하여

일관된 구원의 메시지

성경은 모세가 쓰기 시작해서 사도요한이 밧모 섬에서 끝 마쳤다. 약 1600년 동안 40여 명의 저자들에 의해 기록된 66권을 말한다. 저자들은 지도자, 선지자, 시인, 철학자, 학자, 왕자, 왕, 어부, 정치인 들이다. 이와 같이 시대도 달랐고 성격도 달랐고 직업도 달랐다. 그러나 이들이 보여준 핵심적인 메시지는 동일하다. 그리스도를 대망하라. 그리고 그리스도를 믿어라.

건물은 많은 사람들에 의해서 건축된다. 하지만 설계자는 단 한 사람이다. 마찬가지로 성경은 한 사람이 모든 것을 계획한 듯이 통일되고 조화되어 있다. 마치 감독의 지도하에 잘 쓰여진 연극 대본 같다. 구약은 그리스도가 오기 이전 하나님의 인간 구원에 대한 약속이고 신약은 그리스도가 오신 후 인간 구원에 대한 약속이다.

성경의 정경화 과정

구약성경은 모세오경이 B.C 5세기 에스라에 의해 정리되었다.

히브리성경(구약) : 기원후 90년 얌니아 회의에서 모세오경 예언서 최종 확정되었다.

초기 기독교 구약은 기원전 1세기 70인 역(이집트 트롤 레마 이완 2세가 12지파를 대표하는 72인을 모아서 그리스어로 번역)에 의해 정리되었다.

신약성경 형성은 처음에 쓰인 신약성경은 사도바울서신 (A.D 50~60년 경)으로써 성령의 감동으로 쓴 편지들을 신앙공동체가 읽기 시작하면서 만들어졌다.

복음서를 쓰게 된 이유는 지상에서의 예수님 삶을 나타내고 바울서신들의 약점을 보완하는 것이 복음서이다.

최초의 복음서는 마가복음. A.D 70년경

복음서의 특징 : 단순히 예수님의 다양한 역사적 삶의 모습을 보도하기 위한 것이 아니다.

요20:31 오직 이것을 기록함은 너희로 예수께서 하나님의 아들 그리스도 이심을 믿게 하려 함이요 또 너희로 믿고 그 이름을 힘입어 생명을 얻게 하려 함이니라

예수님은 하나님의 아들이시며 그리스도이심을 믿게 하려 함이다.

그 이름으로 생명을 얻게 하려는 구원론적 목적으로 기록된 것이다.

신약성경 확립 : A.D 367년에 요한계시록을 포함한 신약 27권을 아타나시우스가 제의해서 카르타고 회의 (주후 397년)에서 결정했다.

정경원본은 하나도 남아있지 않다. 사본조차도 똑같은 것이 하나도 없다. 이유는 필사할 때 잘못 필사한 경우도 있고, 문법적으로 틀린 경우도 있어서 교정하면서 만들어졌다. 14세기에 '공인된 본문'이 확정되었고, 루터가 독일어로 번역할 때 '공인된 본문'을 참고해서 1494년에 지금과 같은 성경을 제작했다. 장과 절의 구분 1592년에 정리되었다. 1898년에 지금과 같은 새로운'공인된 본문'의 신약성경이 나왔다

성경의 재해석 필요

성경이 하나님의 말씀이라고 해서 하나님의 손에 의해 직접 쓰인 책이 아니다. 하나님이 직접 불러 주신 것을 받아쓴 것도 아니다. 하늘로부터 온 팩

스도 아니다. 하늘로부터 다운로드 받은 문서도 아니다. 그러나 상상하여 지어낸 허구적인 이야기도 아니다.

성경은 살아계신 하나님과 그의 역사(役事)를 체험한 사람들의 고백이자 증언이며 하나님과의 만남에 대한 기록이다.

신앙의 공동체와 그에 속한 저자들이 체험한 하나님의 사건을 자신들의 역사적 한계 속에서 자신의 언어로 해석한 일종의 '해석된 역사'이다

'하나님의 사건'을 체험한 인간의 제한된 인간의 언어로 형상화한 다양한 형식의 문학이기도 하다.

문학의 언어가 그렇듯이 말할 수 없는 하나님의 신비 체험을 인간의 언어로 담고 있는 성경은 때로는 은유적 때로는 상징적 성격을 띠게 된다.

성경의 저자들은 역사적 사건을 통하여 자신을 사로잡은 원초적인 하나님 체험을 해석한 것이다.

딤후3:16 모든 성경은 하나님의 감동으로 된 것으로 교훈과 책망과 바르게 함과 의로 교육하기에 유익하니

성령의 감동으로 기록된 말씀으로 구원에 이르는 도리와 신앙과 실천의 충분하고도 유일한 표준이다.

구체적으로 살아 있는 말씀이 되려면 재해석이 필요하다.

성경 : 저곳 과거 남의 이야기 =〉이곳 지금 나의 이야기

지금 우리가 살고 있는 세계와 시간적, 공간적 거리가 있다.

교회의 역사는 성경의 해석과 적용의 역사이다. 약도 잘 알고 써야 약이지 잘못 알고 쓰면 독이 된다. 성경말씀 잘 쓰면 생명의 약, 잘못 알고 쓰면 사람을 억압하고 죽이는 독약이 된다.(예. 종교전쟁, 마녀사냥)

성경을 재해석하는 작업은 마치 호두 껍데기를 벗기고 알맹이를 발라내는 작업과 같습니다. 껍데기는 이를테면 유대 부족 주의적 또는 가부장적인 역사, 문화제도, 관습 등과 같고 알맹이는 하나님의 역사와 그 체험 자체, 그리스도의 구원 사건 등과 같다.

루터 역시 성경은 아기 예수를 담고 있는 구유이지 예수그리스도 자체는 아니라고 하였다. 우리가 이 둘 사이를 구별하지 못할 때 의도와 상관없이 복음의 본질에서 멀어질 수 있다.

성경구성

구약 : 39권 → 이스라엘 역사

신약 : 27권 → 예수님과 제자들의 삶

창조 : 창세기 1,2장 창조본연의 세계, 창조본연의 인간 (건강한 사람)

타락 : 창세기 3장 타락의 내용 (병자)

구원(복귀) : 창세기 4장~계시록 (회복)

율법, 복음서 : 하나님의 백성으로서 온전한 삶의 기준, 인간이 살아가는 법

구약역사, 신약역사 : 하나님의 자녀의 정체성 확립

시가서(시, 문화),서신 : 하나님이 기뻐하는 삶

구약예언, 신약예언 : 하나님의 백성으로 회복, 구원의 소망

영적유익을 위한 권면, 위로, 내면 견고(고전14:3)

구원에 이르는 책, 감동의 책(딤후3:15~16)

제3장 하나님의 뜻, 율법과 복음

하나님의 뜻

①무엇을 하겠다고 속으로 먹는 마음 의지(意)
②목표를 마음에 품고 결심

1)마7:21나더러 주여 주여 하는 자마다 다 천국에 들어갈 것이 아니요 다만 하늘에 계신 내 아버지의 뜻대로 행하는 자라야 들어가리라

(행위의 구원 강조)

내 뜻이 없어야 된다. 하나님도 인간을 위한 뜻만 있다.

인격자 되어 믿을 수 있는 사람 되어 천국을 건설하자는 것이다.

마음, 생각이 같아야 된다.

하나님의 뜻이 너무 넓고 막연하기 때문에 근본 된 뜻을 세 가지로 나눠서 생각해보자.

1. 지으신 뜻(창조의 동기)

창조했다는 것은 무엇인가. 필요했다는 것인데 전지전능하신 하나님은 무엇이 필요했을까? 필요했다는 것은 무엇인가 부족했다는 것인데 하나님은 무엇이 부족했을까? 하나님에 대해서 좀 더 이해를 가져보자.

2)요일4:8 사랑하지 아니하는 자는 하나님을 알지 못하나니 이는 하나님은 사랑이심이라

3)창1:26 하나님이 이르시되 우리의 형상을 따라 우리의 모양대로 우리가 사람을 만들고 그들로 바다의 물고기와 하늘의 새와 가축과 온 땅과 땅에 기는 모든 것을 다스리게 하자 하시고

4)창1:27 하나님이 자기 형상 곧 하나님의 형상대로 사람을 창조하시되 남자와 여자를 창조하시고

기쁨 : 내 안에 갖고 있는 것을 밖으로 드러내서 오는 자극을 받을 때 기뻐진다(마음먹은 대로 되어 질 때 나타날 때, 성상이 형상 될 때).

하나님의 설계도는 내 몸속에 있는 DNA이다. 설계도가 있으면 설계자가 있다.

인간이 칼라를 좋아하고 아름다움을 좋아하고 선한 것을 좋아하고 사랑을 좋아하고 창조를 좋아하는 것은 하나님을 닮아서 그렇다. 하나님이 하신 일을 인정하고 창조하신 하나님을 알아주고 감사하면 기뻐하신다. 하나님이 기쁘시면 하나님은 우리에게 더 잘해주신다. 우리를 인격적으로 만들었다. 인격적일 때 사랑이 형성된다. 사람은 사람이 만들지 않았다. 하나님이 만들었다.

(참고) 필리핀에서 1971년에 구석기를 쓰는 사람을 발견했다. 종교도 샤머니즘이 시간에 따라 종교역사가 발전한 것이 아니고 비율로 존재한다. 지금은 옛날보다 구석기 인간이 별로 없다. 진화론적 역사관은 전부 과거로 돌린다. 실제는 같이 비율로 공존한다.

지금까지의 종교는 하나님의 타락의 슬픔(창6:6). 구원섭리의 서러움(사1:2~4) 십자가의 눈물(눅19:41, 마26:39)을 말하지 못한다. 하나님의 소원(뜻)은: 당신과 같은 온전한 자녀를 만나는 것이다. 믿고 천국 가자는 것이 아니라 하나님의 참된 아들딸이 되자. 하나님이 우리를 통해서 이루시려는 뜻(뜻 성사), 사랑의 온전한 대상자가 되자.

하나님이 혼자서 다 이루신다면 인간의 타락도 구원도 지체할 필요가 없다. 자식이 아버지와 함께 이루는 것이다.

(1) 하나님은 무형이심(무가 아니고 무형이다) 무선: 선이 없는 것이 아니고 보이지 않는 것이다 안 보이는 것이다

5)요일1:5 우리가 그에게서 듣고 너희에게 전하는 소식은 이것이니 곧 하나님은 빛이시라 그에게는 어둠이 조금도 없으시다는 것이니라

6)요4:24 하나님은 영이시니 예배하는 자가 영과 진리로 예배할지니라

7)요일4:8 사랑하지 아니하는 자는 하나님을 알지 못하나니 이는 하나님은 사랑이심이라

인간이 만들어낸 신을 믿을 것인가? 인간을 만든 신을 믿을 것인가?

원숭이가 우아해진 것 → 진화론

하나님을 닮아서 만들었지만 많이 망가졌다 → 창조

존재는 그대로이지만 보는 관점에 따라 다름으로 여러 가지 사상, 주의, 주장, 종교가 나온다.

(2)본 자가 없음

8)요일4:12 어느 때나 하나님을 본 사람이 없으되 만일 우리가 서로 사랑하면 하나님이 우리 안에 거하시고 그의 사랑이 우리 안에 온전히 이루어지느니라

9)롬1:20창세로부터 그의 보이지 아니하는 것들 곧 그의 영원하신 능력과 신성이 그가 만드신 만물에 분명히 보여 알려졌나니 그러므로 그들이 핑계하지 못 할지니라

10)요1:18 본래 하나님을 본 사람이 없으되 아버지 품 속에 있는 독생하신 하나님이 나타내셨느니라

11)사45:15 구원자 이스라엘의 하나님이여 진실로 주는 스스로 숨어 계시는 하나님이시니이다. (숨어 계신 하나님)

신이 절대 유일 불변 영원하신데 하나님이 무형이라서 본 사람이 없기 때문에 신을 보는 관점에 따라 수백수만 종파로 나눈다. 본인의 심령과 지능의 수준에 따라 깨닫는 만큼 안다.

(3) 하나님은 한 분

12)막2:7 이 사람이 어찌 이렇게 말하는가 신성 모독이로다 오직 하나님 한 분 외에는 누가 능히 죄를 사하겠느냐

13)롬3:30 할례자도 믿음으로 말미암아 또한 무할례자도 믿음으로 말미암아 의롭다 하실 하나님은 한 분이시니라

14)고전8:4 그러므로 우상의 제물을 먹는 일에 대하여는 우리가 우상은 세상에 아무 것도 아니며 또한 하나님은 한 분밖에 없는 줄 아노라

15)사44:24 네 구속자요 모태에서 너를 지은 나 여호와가 이같이 말하노라 나는 만물을 지은 여호와라 홀로 하늘을 폈으며 나와 함께 한 자 없이 땅을 펼쳤고

(4) 하나님과 일체이신 예수님을 보고 하나님을 볼 수 있다

16)요14:9 예수께서 이르시되 빌립아 내가 이렇게 오래 너희와 함께 있으되 네가 알지 못하느냐 나를 본 자는 아버지를 보았거늘 어찌하여 아버지를 보이라 하느냐

17)요14:20 그 날에는 내가 아버지 안에, 너희가 내 안에, 내가 너희 안에 있는 것을 너희가 알리라

18)요11:40 예수께서 이르시되 내 말이 네가 믿으면 하나님의 영광을 보리라 하지 아니하였느냐 하시니

19)골1:15그는 보이지 아니하는 하나님의 형상이시요 모든 피조물보다 먼저 나신이시니

20)창 1:26,27

26 하나님이 이르시되 우리의 형상을 따라 우리의 모양대로 우리가 사람을 만들고 그들로 바다의 물고기와 하늘의 새와 가축과 온 땅과 땅에 기는 모든 것을 다스리게 하자 하시고

27 하나님이 자기 형상 곧 하나님의 형상대로 사람을 창조하시되 남자와 여자를 창조하시고

21)창5:3 아담은 백삼십 세에 자기의 모양 곧 지기의 형상과 같은 아들을 낳아 이름을 셋이라 하였고

창조의 기쁨: 내 안에 갖고 있는 것을 밖으로 드러내서 오는 자극을 받을 때 기뻐진다. 창조는 자기 전개인데 전개된 모습을 보고 자극받아서 기쁨을 얻는다. 말씀이 육신이 되었다. → 구상이 실체화되었다.

신의 존재를 알기 위해서는 자기 존재에 대한 확실성이 확보되어야 한다. 내가 누구인지 모르면서 나를 기점으로 제3의 존재에 대한 물음은 온당하지 않다. 즉, 하나님을 묻는 사람이 자기 존재의 확실성이 확보되지 않으면 안 된다(내가 성장하는 만큼 하나님에 대해 알게 된다). 사탄을 알아야 한다. 나와 하나님을 가로막고 있는 사탄의 정체를 확실히 알아야 하나님 앞에 갈 수 있다. 종교가 추구하는 궁극의 세계는 종교가 없는 세계다. 가정만 있다. 에덴의 전통은 아담해와가 한 몸이 되어 가정을 이루는 것이다. 약(종교)은 잘 먹기 위해서 먹는 것이 아니고 약(종교)을 끊기 위해서 먹는 것이다 종교를 졸업하기 위해서 종교에 입학하는 것이다.

(5) 하나님의 편재성

22)시 139:7-10

7 내가 주의 영을 떠나 어디로 가며 주의 앞에서 어디로 피하리이까

8 내가 하늘에 올라갈지라도 거기 계시며 스올에 내 자리를 펼지라도 거기 계시니이다

9 내가 새벽날개를 치며 바다 끝에 가서 거주할지라도

10 거기서도 주의 손이 나를 인도하시며 주의 오른손이 나를 붙드시리이다

하나님을 어떻게 알 수 있을까? 무형은 먼저 느낀 후 그것이 무엇인지 알 수 있다.

봄바람이 따뜻하다는 것을 먼저 따뜻하다는 것을 느끼고 아는 것이다. 먼저 사랑을 받아보고 느껴야 사랑이 무엇인지 알게 된다.

2. 바라신 뜻(창조목적)

본연의 세계 : 어디에서 왔는지를 모르면 어디로 가야할지를 모른다.

에덴동산 : 기쁨과 행복한 세계의 근본은 가정(관계)과 남녀(존재) 문제이다.

창조하신 뜻과 목적은 인간 스스로 알 수 없다.

하나님이 가르쳐 주어야만 알 수 있다.

교육받은 대로 지식이 생긴다. 가르쳐주어야 안다(사과를 보여주시면서 알게 된다). 하나님이 만들었고 인생을 이렇게 살아야 한다고 가르쳐 주었다.

안 가르쳐주면 모른다. 안 가르쳐주었는데도 알면 문제다. 교육은 중요하지만 잘못된 교육은 무서운 것이다.

23)창1:28 하나님이 그들에게 복을 주시며 하나님이 그들에게 이르시되 생육하고 번성하여 땅에 충만하라, 땅을 정복하라, 바다의 물고기와 하늘의 새와 땅에 움직이는 모든 생물을 다스리라 하시니라

'하라' : 하나님의 소원. 목적이 담겨있다.

자기가 이루려는 것을 알면 자기가 왜 존재하는지 안다. 모든 존재물은 자기 존재목적을 실현할 수 있도록 만들어졌습니다. 이루려는 인간의 존재목적은 사랑의 완성이다. 사랑은 혼자서 이룰 수 없기 때문에 남녀라는 존재가 부부관계를 통해서 사랑의 목적을 이루게 되어 있다. 인간의 존재목적은 가정 안에서 부모와 자녀의 관계, 부부관계를 통해서 사랑의 완성의 목적을 이루어야 한다. 예를 들면, 감나무는 감, 사과나무는 사과, 인간(생명)나무는 사랑(생명)의 결실이다. 그래서 모든 존재는 자기 DNA를 갖고 있다. 자기가 이루려는 것을 알면 자기가 왜 존재하는지를 안다.

복을 주시는 이유 : 사람이 기뻐야 하나님이 기쁘다. 자식의 행복이 부모의 행복이다.

24)창1:22 하나님이 그들에게 복을 주시며 이르시되 생육하고 번성하여 여러 바닷물에 충만하라 새들도 땅에 번성하라 하시니라

5일에 만물에게는 2大축복만 주셨다. 이유는 생육히고 번성하여 인간생존의 기반이 되라고 하셨다.

(1) 생육하라(영 육 개인완성) 본성상 본형상 닮는 것.

25)창2:7 여호와하나님이 땅의 흙으로 사람을 지으시고 생기를 그 코에 불어넣으시니 사람이 생령이 되니라

26)막4:28 땅이 스스로 열매를 맺되 처음에는 싹이요 다음에는 이삭이요 그 다음에는 이삭에 충실한 곡식이라

창조는 불완전한 것이 아니다

계명을 주신 것과 타락한 것으로 봐서 인간의 창조는 미완성으로부터 출발했다. 창조원리대로 살게 되어 있음

27)렘31:33 그러나 그 날 후에 내가 이스라엘 집과 맺을 언약은 이러하니 곧 내가 나의 법을 그들의 속에 두며 그들의 마음에 기록하여 나는 그들의 하나님이 되고 그들은 내 백성이 될 것이라 여호와의 말씀이니라

28)히8:10 또 주께서 이르시되 그 날 후에 내가 이스라엘 집과 맺을 언약은 이것이니 내 법을 그들의 생각에 두고 그들의 마음에 이것을 기록하리라 나는 그들에게 하나님이 되고 그들은 내게 백성이 되리라

29)고전3:16 너희는 너희가 하나님의 성전인 것과 하나님의 성령이 너희 안에 계시는 것을 알지 못하느냐

바울은 자기 안에 하나님이 계신 것을 알았다. (예를 들면 최제우 : 인내천)

인간은 하나님 말씀으로 교육해야 사람이 된다.

동물은 사육되어진다.

개의 아들 강아지, 소의 아들 송아지, 말의 아들 망아지, 닭의 아들 병아리, 하나님의 아들 인간(사람)은 말씀을 먹고 사랑의 인격자가 되면 하나님이 된다.

30)마5:48 그러므로 하늘에 계신 너희 아버지의 온전하심과 같이 너희도 온전하라

31)요14:20 그 날에는 내가 아버지 안에, 너희가 내 안에, 내가 너희 안에 있는 것을 너희가 알리라

(2) 번성하라 :

본양성 본음성을 닮은 것 (외적 : 가정완성) 내적 : 사랑의 완성 사랑의 대상 없이 사랑을 키울 수 없다. 자식으로 말미암아 사랑의 길을 갈 수 있다. 사랑의 길을 가라고 번성하는 것입니다.

32)창2:24 이러므로 남자가 부모를 떠나 그의 아내와 합하여 둘이 한 몸을 이룰지 로다

33)눅10:25-27

25 어떤 율법교사가 일어나 예수를 시험하여 이르되 선생님 내가 무엇을 하여야 영생을 얻으리이까

26 예수께서 이르시되 율법에 무엇이라 기록되었으며 네가 어떻게 읽느냐

27 대답하여 이르되 네 마음을 다하며 목숨을 다하며 힘을 다하며 뜻을 다하여 주 너의 하나님을 사랑하고 또한 네 이웃을 네 자신 같이 사랑하라 하였나이다

34)요10:33-36: (하나님이 되는 것이다 : 주관자의 자격이 있다.)

33유대인들이 대답하되 선한 일로 말미암아 우리가 너를 돌로 치려는 것이 아니라 신성모독으로 인함이니 네가 사람이 되어 자칭 하나님이라 함이로라

34예수께서 이르시되 너희 율법에 기록된바 내가 너희를 신이라 하였노라 하지 아니하였느냐

35성경은 폐하지 못하나니 하나님의 말씀을 받은 사람들을 신이라 하셨거든

36하물며 아버지께서 거룩하게 하사 세상에 보내신 자가 나는 하나님의 아들이라 하는 것으로 너희가 어찌 신성모독이라 하느냐

출가신앙에서 귀가신앙으로 전환해서 구원의 완성을 이루자.

인내천에서 가내천이 되어서 가화만사성 하자.

하나님의 몸 아담 창조 〈아담: 하나님의 아들인 동시에 체를 쓴 하나님 자신〉

〈해와: 하나님의 딸인 동시에 하나님의 횡적인 사랑 이상을 실체로 완성한 신부이다〉

하나님의 참사랑과 인간의 참사랑이 한 점에서 종횡의 기점을 중심하고 출발하여 한 점에서 결실 완성하게 되는 것이다. 인간은 남성과 여성을 합친 양성적 존재였다. 이성성상의 하나님은 부모 되신 하나님이라는 뜻이다. 서로 남녀 간의 사랑은 생명을 나누는 것이며 서로에게 생명을 주므로 제 3의 생명인 자녀가 탄생한다.

아담해와에 하나님의 계획(목적)이 있다 : 사랑의 완성

예수님의 계획 : 대속을 통해서 구원

참부모님의 계획 : 3대축복 완성 : 사랑의 완성

3대욕망 : 육신의 욕망 : 식욕, 성욕, 소유욕(나쁜 것이 아니다)

3대축복을 이루는 것으로써 영인체의 욕망인 ①부모를 사랑하고 싶고 ②아내와 이웃을 사랑하고 ③만물을 사랑하는 것이 주체가 되어 지면 선한 결과를 맺게 된다. 이것과 반대되는 마음은 없습니다.

3대축복을 이루면 창조목적을 이루고 존재목적을 이룬다는 말씀입니다.

(3) 만물주관하라(주관성완성, 부귀영화)만물을 사랑하라.

35)창2:15 여호와하나님이 그 사람을 이끌어 에덴동산에 두어 그것을 경작하며 지키게 하시고

36)창1:26 하나님이 이르시되 우리의 형상을 따라 우리의 모양대로 우리가 사람을 만들고 그들로 바다의 물고기와 하늘의 새와 가축과 온 땅과 땅에 기는 모든 것을 다스리게 하자 하시고

37)히1:14 모든 천사들은 섬기는 영으로서 구원 받을 상속자들을 위하여

하나님을 닮아가는 것이 목표이지 나의 생사 회복을 비는 우상화의 대상이 아니다.

만물을 주신 하나님의 사랑을 느끼게 된다. 감사하게 된다.

소유욕=물질주관=경제활동(정의로운 물질관)→내 것이 아니다→이상사회

주관을 하는 사람도 주관을 받는 사람(천사)도 기쁨이 되어야 합니다. 사랑으로 상대의 개성을 잘 발휘시켜주어야 합니다. 생육번성(사랑의 완성 : 인격자) 하고 만물주관하는 것입니다. 주관이 맨 마지막 말씀의 의미를 깨달아야 합니다. 천주주관 바라기 전에 자아주관 하라.

인간의 복의 원천은 하나님이시다.

인간의 복은 하나님 말씀을 순종할 때 이루어진다. 인간이 완성되지 않고 어리더라도 하나님은 축복을 해주신다. 이것이 부모의 심정이다.

3大축복은 인간 행복의 근원이 된다.

성경에서의 모든 복은 3大축복과 깊이 관련되어 있다.

존재는 그대로이지만 보는 관점에 따라 다르므로 여러 가지 사상, 주의, 주장, 종교가 나온다.

(4) 하나님의 나라 (나로부터 점진적 과정을 통해서 완성)

38)마13:31-32

31또 비유를 들어 이르시되 천국은 마치 사람이 자기 밭에 갖다 심은 겨자 씨 한 알 같으니

32이는 모든 씨보다 작은 것이로되 자란 후에는 풀보다 커서 나무가 되매 공중의 새들이 와서 그 가지에 깃들이느니라

39)눅17:20-21

20바리새인들이 하나님의 나라가 어느 때에 임하나이까 묻거늘 예수께서 대답하여 이르시되 하나님의 나라는 볼 수 있게 임하는 것이 아니요

21또 여기 있다 저기 있다고도 못하리니 하나님의 나라는 너희 안에 있느니라

어떤 목적을 이루는 두 가지 방법

①타력 : 영적, 선천적, 조상공적, 부모 덕, 운이 좋아서

②자력 : 피와 땀과 눈물 : 나를 사랑으로 기를 수 있다. : 책임분담 : 인격완성 →기적과 이사로 되는 것이 아니다. 사랑을 실천해야 된다. 하라는 것은 몸의 창조의 목적이 아니라 맘의 창조 사랑의 사람이 되는 것이다.

하나님의 대상이 되는 것은 참사랑의 사람이 되어야 한다.

성장하지 않고 아버지를 안다는 것은 관념에 불과합니다. 부모를 통해서 자녀의 심정의 자리를 찾아가고 형제의 사랑을 통해서 형제심정의 자리를 찾아가고 남편, 아내의 사랑을 통해서 부부심정의 자리를 찾아가고 자녀를 통해서 부모심정의 자리를 찾아가면서 무형의 하나님을 찾아가는 것입니다. 요일4:20 말씀처럼 보이는 형제를 사랑해야 하나님을 사랑할 수 있다. 눈에 보이는 부모를 사랑하지 않고 보이지 않는 부모인 하나님을 사랑한다는 것은 거짓이다. 성장기간은 자기 자신의 사랑을 통해서 사랑의 하나님을 찾아가는 기간입니다. 사랑과 심정의 하나님을 내 사랑과 심정을 통하여 느끼고 아는 것입니다. 그러니 사랑과 심정은 내가 길러야 합니다. 이것이 인간에게 주어진 책임입니다. 자기의 마음을 길러야 무형의 하나님을 아는 것입니다.

3. 이루시려는 뜻(뜻 성사)

하나님의 책임분담+인간의 책임분담

(환경창조, 복을 주심) (~하라)

사탄은 인간이 하나님의 심정을 모르게 하기 위해서 책임분담의 길을 못 가게 가로막고 숨겨왔습니다.

왜냐하면 성장기간에 자기의 책임을 깨닫고 삶으로 실천하여 사랑과 심정으로 마음을 길러오면 자연스럽게 하나님을 만나는 길이 열리기 때문입니다.

하나님이 남겨주신 여백을 믿음으로 채워야 한다. 믿음은 하나님이 먼저 믿고 사랑해주신 것에 대한 우리들의 응답이다.

만물과 인간의 몸의 완성은 창조원리의 자율성(성장력)과 주관성(억제력)에 의해서 완성하게 되어있습니다. 마음의 완성은 인간이 자기 스스로의 노력으로 사랑의 인격을 완성해야 한다.

마음의 완성은 자녀에게 맡겼다.

하나님의 창조는 하나님과 자녀가 힘을 합해서 완성하는 것이다.

자녀도 창조위업에 가담시켜서 자녀를 하나님과 같은 창조주의 입장에 세워서 만물을 주관할 자격을 갖추게 하려 하셨다. 만물에게 없는 책임을 인간에게 부여한 이유는 아버지와 같은 자리에 자녀를 세우기 위함이다. 인간이 자기마음의 완성 즉 사랑의 완성을 하는 것은 자기책임이다. 창조성, 사랑, 심정을 상속시키려 하셨다. 외적창조는 과학이고 내적창조는 사랑을 완성하는 것이다. 어느 시대를 막론하고 책임이 없었던 시대는 없었다. 제물, 율법, 예수님 믿음을 통해서 하나님을 믿고 따르는 인간들의 책임이 있었다. 그러나 이 모든 것이 사랑의 인격을 완성하기 위한 책임이라는 것을 명확히 알지 못했다. 부모의 심정을 모르면 들어도 모른다. 자식이 철이 들면서 자기 책임을 아는 것이다. 사랑과 심정으로 인격을 완성하는 것은 자기가 해야 한다.

[성경을 올바르게 이해하기 위해서는]

1. 전체적인 하나님의 뜻과 구원섭리를 이해해야 함.(창조, 타락, 구원)

(참고) 성서해석학 : 본문비평, 문헌비평, 양속비평, 편집비평, 사화학적 해석 등이 있다. 신학성서의 기자들은 예수를 그리스도로 선포하기 위해서

구약과 신약 → 약속과 성취 해석방법 : (고후1:20) 구약의 예언이 신약성서에서 이루어진다.

유형론적 해석방법 : ①역사를 근거로 해서 지난날의 것과 비교해서 해석

한다. ②하나님의 역사하심은 창조원리원칙에 의해서 섭리하시기 때문에 같은 유형으로 섭리하신다. ③인간(중심인물)이 책임분담 못해서 구원(복귀)이 동시성으로 나다난다.

2. 내면의 영적수준을 높여야 한다

(예화)

1)마18:12-14

12너희 생각에는 어떠하냐 만일 어떤 사람이 양 백 마리가 있는데 그 중의 하나가 길을 잃었으면 그 아흔아홉 마리를 산에 두고 가서 길 잃은 양을 찾지 않겠느냐

13진실로 너희에게 이르노니 만일 찾으면 길을 잃지 아니한 아흔아홉 마리보다 이것을 더 기뻐하리라

14이와 같이 이 작은 자 중의 하나라도 잃는 것은 하늘에 계신 너희 아버지의 뜻이 아니니라

신의 존재를 알기 위해서는 자기 존재에 대한 확실성이 확보되어야 한다. 내가 누구인지 모르면서 나를 기점으로 제3의 존재에 대한 물음은 온당하지 않다. 즉, 하나님을 묻는 사람이 자기 존재의 확실성이 확보되지 않으면 안 된다(내가 성장하는 만큼 하나님에 대해 알게 된다).

3. 시대적 요청에 의해서

2)계10:11 그가 내게 말하기를 네가 많은 백성과 나라와 방언과 임금에게 다시 예언하여야 하리라 하더라

3)고후3:6 그가 또한 우리를 새 언약의 일꾼 되기에 만족하게 하셨으니 율법 조문으로 하지 아니하고 오직 영으로 함이니 율법 조문은 죽이는 것이요 영은 살리는 것 이니라

4)히5:12-14

12때가 오래 되었으므로 너희가 마땅히 선생이 되었을 터인데 너희가 다시 하나님의 말씀의 초보에 대하여 누구에게서 가르침을 받아야 할 처지이니 단단한 음식은 못 먹고 젖이나 먹어야 할 자가 되었도다

13이는 젖을 먹는 자마다 어린 아이니 의의 말씀을 경험하지 못한 자요

14단단한 음식은 장성한 자의 것이니 그들은 지각을 사용함으로 연단을 받아 선악을 분별하는 자들이니라

4. 그 시대의 세계관과 우주관을 이해해야 한다.

5)욥38:6 그것의 주추는 무엇 위에 세웠으며 그 모퉁잇돌을 누가 놓았느냐

5. 감동의 언어

6)딤후3:16 모든 성경은 하나님의 감동으로 된 것으로 교훈과 책망과 바르게 함과 의로 교육하기에 유익하니

6. 성경의 언어에 대한 시적 표현, 신화적 표현, 풍부한 수사적 표현(비유와 상징)을 이해해야 한다.

[비유로 말씀하심]

7)시78:2내가 입을 열어 비유로 말하며 예로부터 감추어졌던 것을 드러내려 하니

8)겔20:49 내가 이르되 아하 주 여호와여 그들이 나를 가리켜 말하기를 그는 비유로말하는 자가 아니냐 하나이다 하니라

9)마13:34 예수께서 이 모든 것을 무리에게 비유로 말씀하시고 비유가 아니면 아무것도 말씀하지 아니하셨으니

[비유와 상징으로 쓴 이유]

이집트 북아프리카의 알렉산드리아학파 (오리게네스 영적해석 중요성 강조)

1. 깊은 영적 진리와 보이지 않는 실재(하나님의 사랑)를 말의 개념으로 설명하기 어렵기 때문에 쉽게 설명하기 위하여

10)마18:12 너희 생각에는 어떠하냐 만일 어떤 사람이 양 백 마리가 있는데 그 중의 하나가 길을 잃었으면 그 아흔아홉 마리를 산에 두고 가서 길 잃은 양을 찾지 않겠느냐

11)마18:13 진실로 너희에게 이르노니 만일 찾으면 길을 잃지 아니한 아흔아홉마리보다 이것을 더 기뻐하리라

12)마18:14 이와 같이 이 작은 자 중의 하나라도 잃는 것은 하늘에 계신 너희 아버지의 뜻이 아니니라

2. 심령이 어렸을 때(철없는 자식에게 하나님의 속마음을 다 얘기할 수 없음)

13)요16:12 내가 아직도 너희에게 이를 것이 많으나 지금은 너희가 감당하지 못하리라

14)요16:25 이것을 비유로 너희에게 일렀거니와 때가 이르면 다시는 비유로 너희에게 이르지 않고 아버지에 대한 것을 밝히 이르리라

15)고전13:12 우리가 지금은 거울로 보는 것 같이 희미하나 그 때에는 얼굴과 얼굴을 대하여 볼 것이요 지금은 내가 부분적으로 아나 그 때에는 주께서 나를 아신 것 같이 내가 온전히 알리라

계시의 말씀은 신학으로 검증되어야 하고 계시의 말씀으로 신학이 한 단계 발전해야 된다.

3. 알기 쉽게 설명하기 위하여

16)마13:34-35

34예수께서 이 모든 것을 무리에게 비유로 말씀하시고 비유가 아니면 아무 것도 말씀하지 아니하셨으니

35이는 선지자를 통하여 말씀하신 바 내가 입을 열어 비유로 말하고 창세부터 감추인 것들을 드러내리라 함을 이루려 하심이라

17)막4:33예수께서 이러한 많은 비유로 그들이 알아 들을 수 있는 대로 말씀을 가르치시되

18)막12:12 그들이 예수의 이 비유가 자기들을 가리켜 말씀하심인 줄 알고 잡고자 하되 무리를 두려워하여 예수를 두고 가니라

4. 사탄과 하늘편을 구분할 때

19)마:13:11 대답하여 이르시되 천국의 비밀을 아는 것이 너희에게는 허락되었으나 그들에게는 아니되었나니

20)마:13:12 무릇 있는 자는 받아 넉넉하게 되되 없는 자는 그 있는 것도 빼앗기리라

21)마:13:13 그러므로 내가 그들에게 비유로 말하는 것은 그들이 보아도 보지 못하며 들어도 듣지 못하며 깨닫지 못함이니라

5. 가르쳐주면서도 안 가르쳐줬다는 입장에 서기 위하여

죄의 근원, 선악과, 뱀의 정체, 인간이 책임분담해서 밝혀내야 한다.
재해석하지 않으면 하나님을 만나지 못한다.

[율법과 복음]

22)고후3:6 그가 또한 우리를 새 언약의 일꾼 되기에 만족하게 하셨으니 율법 조문으로 하지 아니하고 오직 영으로 함이니 율법 조문은 죽이는 것이요

영은 살리는 것이니라

(예화)

23)요6:41자기가 하늘에서 내려온 떡이라 하시므로 유대인들이 예수에 대하여 수군거려

24)요6:42 이르되 이는 요셉의 아들 예수가 아니냐 그 부모를 우리가 아는데 자기가 지금 어찌하여 하늘에서 내려왔다 하느냐

25)요6:50 이는 하늘에서 내려오는 떡이니 사람으로 하여금 먹고 죽지아니하게 하는 것이니라

26)요6:51나는 하늘에서 내려온 살아 있는 떡이니 사람이 이 떡을 먹으면 영생하리라 내가 줄 떡은 곧 세상의 생명을 위한 내 살이니라 하시니라

27)요6:52그러므로 유대인들이 서로 다투어 이르되 이 사람이 어찌 능히 자기 살을 우리에게 주어 먹게 하겠느냐

[빛=말씀, 로고스, 이법, 설계도, 창조원리]

성경을 성경으로 해석하고 주석을 달아야 한다. 그래야 하나님의 말씀으로 해석되어진다.

28)고후4:6 어두운 데에 빛이 비치라 말씀하셨던 그 하나님께서 예수 그리스도의 얼굴에 있는 하나님의 영광을 아는 빛을 우리 마음에 비추셨느니라

29)요1:1 태초에 말씀이 계시니라 이 말씀이 하나님과 함께 계셨으니 이 말씀은 곧 하나님이시니라

30)요1:2 그가 태초에 하나님과 함께 계셨고

31)요1:3 만물이 그로 말미암아 지은 바 되었으니 지은 것이 하나도 그가 없이는 된 것이 없느니라

32)요1:4 그 안에 생명이 있었으니 이 생명은 사람들의 빛이라

33)요1:5 빛이 어둠에 비치되 어둠이 깨닫지 못하더라

[저녁이 되어서 아침이 되니 첫째 날이 아님]

34)시90:4 주의 목전에는 천 년이 지나간 어제 같으며 밤의 한 순간 같을 뿐임이니이다

35)벧후3:8 사랑하는 자들아 주께는 하루가 천 년 같고 천 년이 하루 같다는 이 한가지를 잊지 말라

36)욥10:5 주의 날이 어찌 사람의 날과 같으며 주의 해가 어찌 인생의 해와 같기로

성경의 기록은 ①저자들의 진실한 기록이다(성령의 감동을 받은 자들의). ②오류가 없도록 성령께서 간섭하신 글이라는 사실을 믿어야 한다.

[아담과 하와는 인류의 조상이요, 첫 사람이다]

37)행17:26 인류의 모든 족속을 한 혈통으로 만드사 온 땅에 살게 하시고 그들의 연대를 정하시며 거주의 경계를 한정하셨으니

38)창3:20 아담이 그의 아내의 이름을 하와라 불렀으니 그는 모든 산 자의 어머니가 됨이더라

39)고전15:45 기록된 바 첫 사람 아담은 생령이 되었다 함과 같이 마지막 아담은 살려 주는 영이 되었나니

40)롬5:12 그러므로 한 사람으로 말미암아 죄가 세상에 들어오고 죄로 말미암아 사망이 들어왔나니 이와 같이 모든 사람이 죄를 지었으므로 사망이 모든 사람에게 이르렀느라

제4장 부활과 영생

(죽음과 삶)

1)요11:25~26

25.예수께서 이르시되 나는 부활이요 생명이니 나를 믿는 자는 죽어도 살겠고
26.무릇 살아서 나를 믿는 자는 영원히 죽지 아니하리니 이것을 네가 믿느냐

동문서답을 했다. 육신의 나를 두고 한말이 아니라 죽지 않는 나를 두고 한말이다

십자가에 죽으니 혼비백산 도망갔다. 선생님이 죽었으니 속은 것 아닌가 생각했다.

1. 악인도 영원히 삶

2)단12:2 땅의 티끌 가운데에서 자는 자 중에서 많은 사람이 깨어나 영생을 받는 자도 있겠고 수치를 당하여서 영원히 부끄러움을 당할 자도 있을 것이며

3)마18:8 만일 네 손이나 네 발이 너를 범죄하게 하거든 찍어 내버리라 장애인이나 다리 저는 자로 영생에 들어가는 것이 두 손과 두 발을 가지고 영원한 불에 던져지는 것보다 나으니라

4)마25:46 그들은 영벌에, 의인들은 영생에 들어가리라 하시니라

이성을 포기하는 것이 올바른 신앙 인양 호도하면 안 된다. 신앙의 행위가 비이상적이어도 된다는 말이 아니다. 자연의 섭리를 거스르는 것이 하나님의 섭리라고 생각하는 것은 원시시대의 잔재이다.

영생이 내 안에 있으므로 영생을 생각하게 된다.

2. 인간의 구조

5)창2:7 여호와하나님이 땅의 흙으로 사람을 지으시고 생기를 그 코에 불어넣으시니

사람이 생령이 되니라

6)슥12:1 이스라엘에 관한 여호와의 경고의 말씀이라 여호와 곧 하늘을 펴시며 땅의 터를 세우시며 사람안에 심령을 지으신 이가 이르시되

(심령: 영체+생심)

한 존재에 두 존재가 있다. 죽는 나가 있고 죽지 않는 나가 있다. 성경 말씀의 중심은 죽지 않는 나에 관한 말씀이다

육심: 육체로 하여금 생존과 번식과 보호 등을 위한 생리적 기능을 유지할 수 있도록 이끌어 주는 작용부분

진리: 생심이 요구하는 것이 무엇인가 하는 것을 가르쳐 준다.

생심: 하나님이 임재 하는 곳

내가 나에게 거짓이 없을 때 인간이 하나님을 중심한 절대적인 인간의 가치 추구욕.

즉 거짓말. 나쁜 짓 하면 하나님이 떠나간다. 회개하면 하나님이 머물 수 있다. 그러므로 생심이 하나님이 임재하시는 영인체의 중심 부분이다. 생심이 요구하는 것이 무엇인가 하는 것을 가르쳐주는 것이 진리이다.

생소: 신앙생활을 통해서 받는 모든 감동적인 부분이다.(은혜 말씀)

마음: 창조목적을 지향한다.

병원: 죽는 생명을 다루는 곳

교회: 안 죽는 생명을 다루는 곳

육신을 살리는 것은 소생이다. 영을 살리는 것이 부활이다. 송장부활을 바라면 안 된다.

생심의 요구대로 육심이 호응하여 생심의 목적을 따라 육신이 움직이게 되면

육신은 영인체로부터 생령요소를 받아 선화되고 육신은 좋은 생력요소를 영인체에 돌려줄 수 있게 된다. 이러면 영인체는 정상적인 성장을 하게 된다.

영인체의 선화도 육신생활의 속죄로 인하여서만 이루어진다.

지상에서 선한 생활해야 한다.

육: 이기적: 육적이다. 육이 나쁜 것이 아니고 영을 주체로 해서 중심삼고 살아갈 때 선의 결과를 맺는다.

영: 이타적, 영적이다. 사랑: 희생, 봉사

(1)하나님이 창조한 세계는 영계세계와 육적세계(자연계)가 존재함

7)골1:16 만물이 그에게서 창조되되 하늘과 땅에서 보이는 것들과 보이지 않는 것들과 혹은 왕권들이나 주권들이나 통치자들이나 권세들이나 만물이 다 그로 말미암고 그를 위하여 창조되었고

(예수님, 즉 창조본연의 인간을 위하여 만물은 창조되었다.)

8)욥38:6-7

6그것의 주추는 무엇 위에 세웠으며 그 모퉁잇돌을 누가 낳았느냐

7그 때에 새벽 별들이 기뻐 노래하며 하나님의 아들들이 다 기뻐 소리를 질렀느니라

주추(땅)를 놓기 전에 천사들이 먼저 있어서 하나님을 찬양하고 있다. 이와 같은 것을 볼 때 영적세계가 먼저 있었다.

모든 영적세계, 육적세계 모든 곳에 계신다(삼상2:7-8, 시139:7-10). 천상세계를 주관하신다(욥 2:1, 사6:1-13).

(2)영적세계가 주체적 실체적 본질의 세계임.

9)히8:5 그들이 섬기는 것은 하늘에 있는 것의 모형과 그림자라 모세가 장막을지으려 할 때에 지시하심을 얻음과 같으니 이르시되 삼가 모든 것을 산에서 네게 보이던 본을 따라 지으라 하셨느니라

(3)인간은 모든 만물의 세계를 주관하게 되어있음

10)창1:28 하나님이 그들에게 복을 주시며 하나님이 그들에게 이르시되 생육하고 번성하여 땅에 충만하라, 땅을 정복하라, 바다의 물고기와 하늘의 새와 땅에 움직이는 모든 생물을 다스리라 하시니라

(4)주관하기 위하여 영인체와 육신이 있음

11)창2:7여호와 하나님이 땅의 흙으로 사람을 지으시고 생기를 그 코에 불어넣으시니 사람이 생령이 되니라

12)슥12:1 이스라엘에 관한 여호와의 경고의 말씀이라 여호와 곧 하늘을 펴시며 땅의 터를 세우시며 사람 안에 심령을 지으신 이가 이르시되

13)고전15:35-37, 42, 44, 49

35누가 묻기를 죽은 자들이 어떻게 다시 살아나며 어떠한 몸으로 오느냐 하리니

36어리석은 자여 네가 뿌리는 씨가 죽지 않으면 살아나지 못하겠고

37하늘에 속한 형체도 있고 땅에 속한 형체도 있으나 하늘에 속한 것의 영광이 따로 있고 땅에 속한 것의 영광이 따로 있으니

42죽은 자의 부활도 그와 같으니 썩을 것으로 심고 썩지 아니할 것으로 다 살아나며

44육의 몸으로 심고 신령한 몸으로 다시 살아나나니 육의 몸이 있은즉 또 영의 몸도 있느니라

46그러나 먼저는 신령한 사람이 아니요 육의 사람이요 그 다음에 신령한 사람이니라

49우리가 흙에 속한자의 형상을 입은것 같이 또한 하늘에 속한 이의 형상을 입으리라

먼저는 육이다. 나중에는 신령한 것이다. 육이 건강해야 한다. 육을 통해서 영이 건강해진다. 그렇다고 해서 육이 주체가 되고 중심이 되면 악의 결과를 맺게 된다.

요6:63살리는 것은 영이니 육은 무익하니라 내가 너희에게 이른 말은 영이요 생명이라

인간은 죽는 '나'(육신)가 있고 죽지 않는 '나'(영인체)가 있다.

3. 모태, 지상, 영계(3생의 삶)

창조원리에 의해 육신은 흙으로 돌아가고 영인체는 영적세계로 돌아간다(자연법칙).

14)전12:7 흙은 여전히 땅으로 돌아가고 영은 그것을 주신 하나님께로 돌아가기 전에 기억하라

15)히9:27 한번 죽는 것은 사람에게 정해진 것이요(법칙, 원리) 그 후에는 심판이 있으리니(영인체 기록)

(1)예수님도 영으로 영적세계에 계심

16)벧전3:18-19

18그리스도께서도 단번에 죄를 위하여 죽으사 의인으로서 불의한 자를 대신하셨으니 이는 우리를 하나님 앞으로 인도하려 하심이라 육체로는 죽임을 당하시고 영으로는 살리심을 받으셨으니

19그가 또한 영으로 가서 옥에 있는 영들에게 선포하시니라

17)행 7:55-56

55스데반이 성령 충만하여 하늘을 우러러 주목하여 하나님의 영광과 및 예수께서 하나님 우편에 서신 것을 보고

56말하되 보라 하늘이 열리고 인자가 하나님 우편에 서신 것을 보노라 한 대

(2)바울의 영적체험

임마누엘 스베텐보리(1688-1772)

스웨덴 국교는 루터교다. 아버지는 교회 최고 지위에 있는 분이었다.

뉴턴과 같은 최고 과학자 반열에 올랐다

과학자로서 우주 생성의 제1원인인 창조자가 있을 수밖에 없다고 최초로 인정했다.

개인의 신앙이나 철학이 오염되지 않은 진리 그 자체여야 했다.

객관성, 순수성, 영계는 진실이 생명이다.

보고 들은 것을 분석하고 종합하고 조직적으로 저술하여 발표할 수 있는 능력이 있어야 된다.

18)고후12:1-4

1무익하나마 내가 부득불 자랑하노니 주의환상과 계시를 말하리라

2내가 그리스도 안에 있는 한 사람을 아노니 그는 십사 년 전에 셋째 하늘에 이끌려 간 자라 (그가 몸 안에 있었는지 몸 밖에 있었는지 나는 모르거니와 하나님은 아시느니라)

3내가 이런 사람을 아노니 (그가 몸 안에 있었는지 몸 밖에 있었는지 나는 모르거니와 하나님은 아시느니라)

4그가 낙원으로 이끌려 가서 말로 표현할 수 없는 말을 들었으니 사람이 가히 이르지 못할 말이로다

신앙 하는 것은 안 죽자는 것이 아니라 아름다운 변화를 하자는 것이다.

늙어가는 것도 아름답게 변해가는 것이다. 사랑이 깊고 넓어진다.

타락은 죽음이 아니라 아름다운 변화를 하지 못하는 것이다 (성화의 참뜻을 이해해야 된다)

뭘 믿으면 안 죽는다는 생명의 본질에 대한 무지에서 비롯한 착각이다

태어남이 생명현상이라면 죽음 표한 생명의 또 다른 현상인 것을 깨달아야 한다

사자부활(육신부활)은 부활이 아니라 소생한 것이다. 육신영생은 죽음의 공포를 극복하지 못한 인간의 의지가 만들어낸 자의적인 믿음일 뿐 올바른 사고가 아니다

육신이 영원히 살려고 하는 몸부림은 죽음의 패배자 일 뿐이다. 육신이 오래 살려는 것보다 영적완성(사랑의 완성)을 어떻게 이루느냐가 중요하다. 사랑의 완성을 하면 언제든지 영계 가도 된다.

지상생활이 끝이라면 사랑의 인격을 요구할 필요 없다.

육신이 영원히 살려는 것은 자연현상, 창조의 질서: 천법을 어기는 것이다.

4. 영인들의 부활

(1)부활은 땅에서 육신을 쓰고 말씀을 통해서 이루어짐

19)마16:19 내가 천국 열쇠를 네게 주리니 네가 땅에서 무엇이든지 매면 하늘에서도 매일 것이요 네가 땅에서 무엇이든지 풀면 하늘에서도 풀리리라 하시고

20)히11:39-40

39이 사람들은 다 믿음으로 말미암아 증거를 받았으나 약속된 것을 받지 못하였으니

40이는 하나님이 우리를 위하여 더 좋은 것을 예비하셨은즉 우리가 아니면 그들로 온전함을 이루지 못하게 하려 하심이라

21)마17:2-3

2그들 앞에서 변형되사 그 얼굴이 해같이 빛나며 옷이 빛과 같이 희어졌더라

3그 때에 모세와 엘리야가 예수와 더불어 말하는 것이 그들에게 보이거늘

예수님을 모세와 엘리야가 증거 했다.

죽은 자를 모시는 것이 아니고 죽은 자에게 산 자가 증거 받는 것이다.

(예: 귀신같이 안다, 하나님이나 귀신을 사람의 마음과 삶을 가지고 평가한다)

조상과 귀신의 차이점

조상: 혈통적 관계, 생명이 있음, 제사: 조상에게 예를 갖추는 것, 얼을 기리는 것이다. 우상숭배가 아니다. 생명이 있는 존재에게 예를 갖추는 것이다.

귀신: 남의 조상이 침입해 들어온다.

우상숭배: 생명이 없는 것, 내 생명보다 가치 있게 생각하는 것, 하나님보다 우선시 하는 것

눅16:19-31, (부자와 나사로)

사후에 대한 세계를 상세히 묘사했다.

선인과 악인이 자유롭게 왕래 못한다.

영계의 사람이 지상에 있는 사람에게 쉽게 말씀을 전하기 힘들다.

(2)선영과 악령(귀신)의 차이

선영: 몸에 들어오지 않는다, 악령(귀신): 몸에 침입한다.

22)삼상16:23 하나님께서 부리시는 악령이 사울에게 이를 때에 다윗이 수금을 들고 와서 손으로 탄즉 사울이 상쾌하여 낫고 악령이 그에게서 떠나더라

23)마8:16 저물매 사람들이 귀신 들린 자를 많이 데리고 예수께 오거늘 예수께서 말씀으로 귀신들을 쫓아내시고 병든 자들을 다 고치시니

24)마9:32-33

32그들이 나갈 때에 귀신 들려 말 못하는 사람을 예수께 데려오니

33귀신이 쫓겨나고 말 못하는 사람이 말하거늘 무리가 놀랍게 여겨 이르되 이스라엘 가운데서 이런 일을 본 적이 없다 하되

25)마11:18 요한이 와서 먹지도 않고 마시지도 아니하매 그들이 말하기를 귀신이 들렸다 하더니

26)행16:16 우리가 기도하는 곳에 가다가 점치는 귀신 들린 여종 하나를 만나니 점으로 그 주인들에게 큰 이익을 주는 자라

27)행16:18 이같이 여러 날을 하는지라 바울이 심히 괴로워하여 돌이켜 그 귀신에게 이르되 예수 그리스도의 이름으로 내가 네게 명하노니 그에게서 나오라 하니 귀신이 즉시 나오니라

5. 살아있는 자의 부활이 중요함(중생부활)

(1)죽음의 정의

28)눅9:60 이르시되 죽은 자들로 자기의 죽은 자들을 장사하게 하고 너는 가서 하나님의 나라를 전파하라 하시고

29)계3:1사데 교회의 사자에게 편지하라 하나님의 일곱 영과 일곱 별을 가지신 이가 이르시되 내가 네행위를 아노니 네가 살았다하는 이름은 가졌으나 죽은 자로다

30)엡2:1 그는 허물과 죄로 죽었던 너희를 살리셨도다

31)롬6:23 죄의 삯은 사망이요 하나님의 은사는 그리스도예수 우리 주안에 있는 영생이니라

32)롬5:17 한 사람의 범죄로 말미암아 사망이 그 한 사람을 통하여 왕 노릇 하였은 즉 더욱 은혜와 의의 선물을 넘치게 받는 자들은 한 분 예수 그리스도를 통하여 생명 안에 서 왕 노릇 하리로다

(2)삶의 의미

33)요일3:14 우리는 형제를 사랑함으로 사망에서 옮겨 생명으로 들어간 줄을 알거니와 사랑하지 아니하는 자는 사망에 머물러 있느니라

34)롬1:17 복음에는 하나님의 의가 나타나서 믿음으로 믿음에 이르게 하나니 기록된 바 오직 의인은 믿음으로 말미암아 살리라 함과 같으니라

35)요5:24 내가 진실로 진실로 너희에게 이르노니 내 말을 듣고 또 나 보내신 이를 믿는 자는 영생을 얻었고 심판에 이르지 아니하나니 사망에서 생명으로 옮겼느니라

36)요6:63 살리는 것은 영이니 육은 무익하니라 내가 너희에게 이른 말은 영이요 생명이라

〈참고〉
이스라엘 민족은 육과 영을 분리해서 생각하지 않았다.
사룩스 육신의 의미가 아니라 타락한 인간성을 가르친다.
프쉬케: 불멸의 의미가 아니라 본연의 인간성이다.
프뉴마(성령:거룩한 영) 새롭고 온전한 인간성을 갖는 인간이다.
인간성이 풍부한 새로운 삶으로 변화되는 것이다.

창6:3 여호와께서 이르시되 나의 영이 영원히 사람과 함께 하지 아니하리니 이는 그들이 육체가 됨이라 그러나 그들의 날은 백이십 년이 되리라 하시니라
눅3:6 모든 육체가 하나님의 구원하심을 보리라 함과 같으니라
요3:6 육으로 난 것은 육이요 영으로 난 것은 영이니

롬3:20 그러므로 율법의 행위로 그의 앞에 의롭다 하심을 얻을 육체가 없나니 율법으로는 죄를 깨달음이니라
거룩한 숨결을 받아서 새로운 인간을 가진 프뉴마적인 존재가 되라.

육신의 부활 영생 대망은 허망입니다.
예수님을 믿습니까? 혹시 예수님이 아닌 예수님을 믿고 있는 것은 아닌지요.

죽지 않는 것은 사랑밖에 없습니다. 살아 있어도 사랑을 잃어버리면 살아 있는 것이 아닙니다. 타락으로 인한 죽음은 육신의 죽음이 아니다. 영의 사람이 육의 사람이 되었다. 하나님은 영이시므로 본연의 인간은 하나님과 사람의 영인체와 영적관계를 맺으면서 성장하여 가정의 완성을 통해서 사랑의 완성을 하게 되어 있다. 타락은 하나님과 사람의 영인체가 영적관계가 끊어져서 육신을 중심한 사람이 되었다. 부활은 사람의 영인체가 다시 하나님과 영적관계를 회복해서 사탄주관권에서 하나님 주관권으로 옮기는 삶을 살아가는 것이다. 중생은 참부모님을 만나서 축복결혼하는 것이다. 영생은 참부모님을 모시고 가정의 완성을 통해서 사랑의 완성을 이루어서 영인체 완성을 이루는 것이다.

육신의 기준으로 생각하는 사람은 죽은 사람입니다.

육신의 죽음은 생명의 종말이 아니라 생명의 비약입니다(애벌레→나비).

육의 사람이 되다보니 육의 생명만 생각합니다.

도통은 사랑의 인격자이지만 신통은 자기 중심으로 사람을 이용합니다.

부처 출가는 더 큰 권세 권력 권능이 아니라 마음의 비약을 위함입니다.

예수님은 영의 사람을 만들려고 했다.

6. 육에 관한 부활과 영생이 아님

37)고전15:50 형제들아 내가 이것을 말하노니 혈과 육은 하나님 나라를 이어 받을 수 없고 또한 썩는 것은 썩지 아니하는 것을 유업으로 받지 못하느니라

38)요6:63 살리는 것은 영이니 육은 무익하니라 내가 너희에게 이른 말은 영이요 생명이라

히브리인의 죽음과 삶은 하나님과의 교제가 곧 생명이다. 죽음은 하나님과의 관계가 단절된 상태, 통치권을 벗어 난 상태이다.

39)시88:2 나의 기도가 주 앞에 이르게 하시며 나의 부르짖음에 주의 귀를 기울여 주소서

3 무릇 나의 영혼에는 재난이 가득하며 나의 생명은 스올에 가까웠사오니

4 나는 무덤에 내려가는 자 같이 인정되고 힘없는 용사와 같으며

5 죽은 자 중에 던져진 바 되었으며 죽임을 당하여 무덤에 누운 자 같으니이다 주께서 그들을 다시 기억하지 아니하시니 그들은 주의 손에서 끊어진 자니이다

40)사38:17 보옵소서 내게 큰 고통을 더하신 것은 내게 평안을 주려 하심이라 주께서 내 영혼을 사랑하사 멸망의 구덩이에서 건지셨고 내 모든 죄를 주의 등 뒤에 던지셨나이다

18 스올이 주께 감사하지 못하며 사망이 주를 찬양하지 못하며 구덩이에 들어간 자가 주의 신실을 바라지 못하되

41)벧전3:18~19

18그리스도께서도 단번에 죄를 위하여 죽으사 의인으로서 불의한 자를 대신하셨으니 이는 우리를 하나님 앞으로 인도하려 하심이라 육체로는 죽임을 당하시고 영으로는 살리심을 받으셨으니

19그가 또한 영으로 가서 옥에 있는 영들에게 선포하시니라

7. 참된 부활과 영생의 의미

영생(올람하바) : 올람 : 시대, 세상

올람하바 : 새로운 시대가 도래한다.

올람하제 : 현시대

이스라엘 민족은 올람하제(고통,아픈 현실)을 살았다.

올람하바(새로운 시대)의 삶을 소망했다.

예수님을 믿으면 생명을 연장시켜주고 장수시켜 주는 것이 아니라 새로운 시대에 살게 된다는 뜻이다.

42)요5:24 내가 진실로 진실로 너희에게 이르노니 내말을 듣고 또 나 보내

신이를 믿는 자는 영생을 얻었고 심판에 이르지 아니하나니 사망에서 생명으로 옮겼느니라

43)요11:25-26

25예수께서 이르시되 나는 부활이요 생명이니 나를 믿는자는 죽어도 살겠고 26무릇 살아서 나를 믿는 자는 영원히 죽지 아니하리니 이것을 네가 믿느냐

44)요일5:20 또 아는 것은 하나님의 아들이 이르러 우리에게 지각을 주사 우리로 참된 자를 알게 하신 것과 또한 우리가 참된 자 곧 그의 아들 예수 그리스도 안에 있는 것이니 그는 참 하나님이시요 영생이시라

45)요17:3 영생은 곧 유일하신 참 하나님과 그가 보내신 자 예수 그리스도를 아는 것이니이다

우리에게 부활과 생명과 영생을 주시는 예수님을 어떻게 만날 수 있을까 (현재 영계에 계신다).

8. 영생하려면

(1)예수님의 말씀을 믿고 깨닫는 것

46)요4:14 내가 주는 물을 마시는 자는 영원히 목마르지 아니하리니 내가 주는 물은 그 속에서 영생하도록 솟아나는 샘물이 되리라

47)요6:27 썩을 양식을 위하여 일하지 말고 영생하도록 있는 양식을 위하여 하라 이 양식은 인자가 너희에게 주리니 인자는 아버지 하나님께서 인치신 자니라

48)요6:51 나는 하늘에서 내려온 살아 있는 떡이니 사람이 이 떡을 먹으면 영생하리라 내가 줄 떡은 곧 세상의 생명을 위한 내 살이니라 하시니라

49)요5:24 내가 진실로 진실로 너희에게 이르노니 내 말을 듣고 또 나 보내신 이를 믿는자는 영생을 얻었고 심판에 이르지아니하나니 사망에서 생명으로

옮겼느니라

50)요6:40 내 아버지의 뜻은 아들을 보고 믿는 자마다 영생을 얻는 이것이니 마지막 날에 내가 이를 다시 살리리라 하시니라

51)요3:16 하나님이 세상을 이처럼 사랑하사 독생자를 주셨으니 이는 그를 믿는 자마다 멸망하지 않고 영생을 얻게 하려 하심이라

(2)예수님의 말씀을 믿고 실천하는 것

52)마 28:7

또 빨리 가서 그의 제자들에게 이르되 그가 죽은 자 가운데서 살아나셨고 너희보다 먼저 갈릴리로 가시나니 거시서 너희가 뵈오리라 하라 보라 내가 너희에게 일렀느니라 하거늘

53)눅10:25-28 (영생을 얻는 방법)

25어떤 율법교사가 일어나 예수를 시험하여 이르되 선생님 내가 무엇을 하여야 영생을 얻으리이까

26예수께서이르시되 율법에무엇이라 기록되었으며 네가 어떻게 읽느냐

27대답하여 이르되 네 마음을 다하며 목숨을 다하며 힘을 다하며 뜻을 다하여 주 너의 하나님을 사랑하고 또한 네 이웃을 네 자신 같이 사랑하라 하였나이다

28예수께서이르시되 네대답이 옳도다 이를행하라 그러면 살리라하시니

예수님이 부활했다는 것은 원수를 사랑한 것이다. 그리운 제자와 사도바울의 삶속에서 부활하셨다. 원수를 사랑함으로 하늘주관권에 있었다.

(1)부활은 사탄주관권에서 하나님 주관권으로 옮겨가는 과정적 현상이다.

(2)영생은 육적 생명을 갖고 영원히 사는 것이 아님. 하나님의 영원한 사랑과 말씀에 대한 깨우침으로 영적생명의 눈을 뜰 때 진정한 영생의 삶을 사는 것이다.

(3)생명은 生+命이다.

즉 하나님을 우리의 생명을 태어나게 해서 이 땅에 보내신 것은 하나님의 명령인 사랑의 완성을 이루라고 하신 것이다.

그러므로 우리의 생명이 사랑의 완성을 이루면 영생하는 것이다. 사랑의 열매를 맺지 못하면 죽은 목숨이다.

오래 사는 것이 자랑이 아니라 뜻 세워 사는 것이 자랑이 되어야 한다.

9. 예수님의 부활이 육의 부활처럼 느껴지는 성구

54)요20:26-27

26여드레를 지나서 제자들이 다시 집 안에 있을 때에 도마도 함께 있고 문들이 닫혔는데 예수께서 오사 가운데 서서 이르시되 너희에게 평강이 있을지어다 하시고

27도마에게 이르시되 네 손가락을 이리 내밀어 내 손을 보고 네 손을 내밀어 내 옆구리에 넣어 보라 그리하여 믿음 없는 자가 되지 말고 믿는 자가 되라

55)요20:30 예수께서 제자들 앞에서 이 책에 기록되지 아니한 다른 표적도 많이 행하셨으나 (손을 옆구리에 넣음)해명: 표적을 보여주신다.

56)눅24:3 들어가니 주 예수의 시체가 보이지 아니하더라

(시체없음)해명: 요셉이 치웠다. 아리마대 사람, 공회의 회원, 십자가 처형장에서 끝까지 자리를 지켜서 빌라도에게 시체를 넘겨받았다. 사탄에게 침범 당하지 않게 하셨다.

(사도신경: 육의 부활을 믿으며)해명: 영지주의자들의 관점을 반박하기 위해 포함시켰다.

영지주의자 : 육체로 오신 것을 부인하는 자이다(요한2서1:17).

10. 영의 부활성구

57)빌3:21 그는 만물을 자기에게 복종하게 하실 수 있는 자의 역사로 우리

의 낮은 몸을 자기 영광의 몸의 형체와 같이 변하게 하시리라

(영인체로 변화)

58)벧전3:18 그리스도께서도 단번에 죄를 위하여 죽으사 의인으로서 불의한 자를 대신하셨으니 이는 우리를 하나님 앞으로 인도하려 하심이라 육체로는 죽임을 당하시고 영으로는 살리심을 받으셨으니

59)요6:63 살리는 것은 영이니 육은 무익하니라 내가 너희에게 이른 말은 영이요 생명이라

60)마27:52-53

52무덤들이 열리며 자던 성도의 몸이 많이 일어나되

53예수의 부활 후에 그들이 무덤에서 나와서 거룩한 성에 들어가 많은 사람에게 보이니라

(현재 살아있는 사람이 아무도 없다)

61)눅24:16 그들의 눈이 가리어져서 그인 줄 알아보지 못하거늘 (알아보지 못함)

62)눅24:31 그들의 눈이 밝아져 그인 줄 알아 보더니 예수는 그들에게 보이지 아니하시는지라

(갑자기 사라짐) 3차원 :제한, 공간, 시간 4차원 : 제한 없다, 초공간, 초시간

초월세계 : 원인결과가 없다. 성장발전이 없다. 만드는 과정이 없다. 시간이 없다. 끝이 없다.

63)요20:19 이 날 곧 안식 후 첫날 저녁 때에 제자들이 유대인들을 두려워하여 모인 곳의 문들을 닫았더니 예수께서 오사 가운데 서서 이르시되 너희에게 평강이있을지어다

64)고전15:49 우리가 흙에 속한 자의 형상을 입은 것 같이 또한 하늘에 속한 이의 형상을 입으리라 (신령한 몸 초공간: 하나님입장에서는 천국을 넓게 만듦), (문이 닫혔는데 들어옴)

65)마 28:1 안식일이 다 지나고 안식 후 첫날이 되려는 새벽에 막달라마리

아와 다른 마리아가 무덤을 보려고 갔더니

66)막 16:1, 4, 5

1안식일이 지나매 막달라마리아와 야고보의 어머니 마리아와 또 살로메가 가서 예수께 바르기 위하여 향품을 사다 두었다가

4눈을 들어본즉 벌써 돌이 굴려져 있는데 그 돌이 심히 크더라

5무덤에 들어가서 흰 옷을 입은 한 청년이 우편에 앉은 것을 보고 놀라매

67)눅 24:1 ,4, 10

1안식 후 첫날 새벽에 이 여자들이 그 준비한 향품을 가지고 무덤에 가서

4이로 인하여 근심할 때에 문득 찬란한 옷을 입은 두 사람이 곁에 섰는지라

10이 여자들은 막달라마리아와 요안나와 야고보의 모친 마리아라 또 그들과 함께 한 다른 여자들도 이것을 사도들에게 알리니라

68)고전15:50 형제들아 내가 이것을 말하노니 혈과 육은 하나님 나라를 이어 받을 수 없고 또한 썩는 것은 썩지 아니하는 것을 유업으로 받지 못하느니라 (혈과 육은 하나님의 나라 받지 못한다)

69)눅12:2-3

2감추인 것이 드러나지 않을 것이 없고 숨긴 것이 알려지지 않을 것이 없나니

3이러므로 너희가 어두운 데서 말한 모든 것이 광명한 데서 들리고 너희가 골방에서 귀에 대고 말한 것이 지붕 위에서 전파되리라

지옥은 어둠: 드러나지 않는다. 죄인은 어둠을 찾아간다. 드러날까봐 두려워한다.

예수님 부활

마28:1 막달라마리아와 마리아 살아나서 없어졌다. 지진 나서 무너졌다. 천사가 있었다.

막16:1 막달라마리아 마리아 살로매이

4돌이 굴러져있다

5무덤에 청년이 있다

눅24:1 여자들이 갔다. 돌이 무덤에 굴러졌다

찬란한 옷을 입은 두 사람

요한나 나온다. 막달라마리아. 갈보리에 갔지만 예수님이 갈릴리로 가셨다

요20:1 막달라마리아 옮겨진 것을 보고 시몬 베드로에게 갔다. 베드로가 들어갔으나 없었다.

예수님의 부활사건을 목격한 내용이 사복음서는 전부 다르게 적혀있다. 그것은 육신의 부활사건을 중심으로 생각하지 않았다.

육이 부활해서 지상에서 살면 예수님 다 믿는다.

예수님 영접했으므로 믿으면 구원받았습니까?

딤후3:15 또 어려서부터 성경을 알았나니 성경은 능히 너로 하여금 그리스도예수 안에 있는 믿음으로 말미암아 구원에 이르는 지혜가 있게 하느니라

기독교는 과정이 없다. 통일교는 과정이 있다.

구원에 이른다 : 구원에 과정이 있다. 믿음에 단계가 있다. 계명이 있고 타락한 것으로 봐서.

고전15:31 형제들아 내가 그리스도 예수 우리 주 안에서 가진 바 너희에 대한 나의 자랑을 두고 단언하노니 나는 날마다 죽노라

〈결론〉

70)갈2:20 내가 그리스도와 함께 십자가에 못 박혔나니 그런즉 이제는 내가 사는 것이 아니요 오직 내 안에 그리스도께서 사시는 것이라 이제 내가 육체 가운데 사는 것은 나를 사랑하사 나를 위하여 자기 자신을 버리신 하나님의 아들을 믿는 믿음 안에서 사는 것이라

제5장 타락론

많은 사람들은 인간의 모든 불행은 죄로부터 왔다고 믿고 있다. 그래서 죄악된 세상을 얘기하고 사회문제를 얘기하지만 사실 문제의 본질은 내 안에 있다(원리).

오직 성경의 경전에서만 죄의 시작을 말씀하고 있다. 죄(전생의 업보)의 시작은 하나님께서 따먹지 말라는 선악과를 따먹으므로 생겼다고 한다.

인간의 타락에 간섭하실 수 없었던 하나님은 인간의 구원에도 직접적으로 간섭을 하실 수 없다. 요5:22 아무도 심판하지 않고 다 아들에게 맡기셨다. 이런 하나님의 심정과 사정을 헤아려야 한다. 가르쳐 주고 싶지만 가르쳐 줄 수 없는 하나님의 심정이 있다. 인간 책임분담이 있었다. 타락의 비밀이 드러나는 날에는 사탄의 정체가 드러나므로 사탄의 방해로 타락의 내용을 알지 못하게 했다.

창2:9 하나님 마음 한가운데에 나무가 있는 것이 아니고 당신의 아들딸이 있다.

(타락의 비밀을 알려주고 싶은 하나님의 마음이 비유 속에 있다)

아담과 천사장은 얘기하고 싶지 않지만 하나님은 알려줘서 빨리 죄악된 세계에서 나오기 바라신다.

정녕 죽는다(영). 해와 헷갈렸다

결코 죽지 않는다(육). 아담은 930년까지 살았다. 타락으로 인하여 하나님과 인간의 생각, 가치관이 틀려졌다. 본래 하나님과 인간은 하나인데 나눠졌다.

그럼 따먹지 말라 하시는 것은 순종여부를 시험하는 것인가?

병의 원인을 모르면 온전한 치료가 불가능하다

사탄의 방해로 타락의 내용을 알지 못하게 했다. 병의 내용을 모르던 불치병이 병의 내용을 알게 되면 얼마나 희망적이고 감사한 일인가! 이제부터 병의 내용을 알고 더 나아가서 병을 치료하는 방법까지 알게 되어서 희망적 인생을 살아보자.

1)창2:9여호와 하나님이 그 땅에서 보기에 아름답고 먹기에 좋은 나무가 나게 하시니 동산 가운데에는 생명 나무와 선악을 알게 하는 나무도 있더라

2)창2:17 선악을 알게 하는 나무의 열매는 먹지 말라 네가 먹는 날에는 반드시 죽으리라 하시니라

3)창3:1 그런데 뱀은 여호와 하나님이 지으신 들짐승 중에 가장 간교하니라 뱀이 여자에게 물어 이르되 하나님이 참으로 너희에게 동산 모든 나무의 열매를 먹지말라 하시더냐

4)창3:6여자가 그 나무를 본즉 먹음직도 하고 보암직도 하고 지혜롭게 할 만큼 탐스럽기도 한 나무인지라 여자가 그 열매를 따먹고 자기와 함께 있는 남편에게도 주매 그도 먹은지라

선악과?

5)딤전4:4 하나님께서 지으신 모든 것이 선하매 감사함으로 받으면 버릴 것이 없나니

6)마15:11 입으로 들어가는 것이 사람을 더럽게 하는 것이 아니라 입에서 나오는 그것이 사람을 더럽게 하는 것이니라

7)약1:13 사람이 시험을 받을 때에 내가 하나님께 시험을 받는다 하지 말지니 하나님은 악에게 시험을 받지도 아니하시고 친히 아무도 시험하지 아니하시느니라

아들을 십자가에 죽이면서도 타락한 인간을 구원하시려는 사랑의 하나님께서 어떻게 자식이 죽을 수도 있는 그런 위험한 잔인한 시험을 하시겠는가?

먹는 날에는 본인뿐만 아니라 수백만 년 후손까지도 죽을 수 있는 무자비한 시험을 왜 하시는가? 전지전능한 하나님이 인간의 순종여부를 꼭 이런 잔인한 시험을 통해서만 알 수 있는가! 윤리적으로 어긋난다(윤리적).

마15:11에 예수님 말씀처럼 먹는 것은 죄가 되지 않는다고 말씀하셨다(성서적).

먹는 것은 배설하면 그만인데 어떻게 유전이 되는가(과학적).

먹는 것은 생명을 유지하기 위해서 먹는 것인데 생명을 버리면서까지 먹을 수 있는 것이 생명보다 가치적일 수는 없다(가치적). 그들은 먹을 것이 없어서 기아선상에 있는 것도 아니었다.

생명나무?

8)잠3:18지혜는 그 얻은 자에게 생명 나무라 지혜를 가진 자는 복되도다

9)잠11:30 의인의 열매는 생명 나무라 지혜로운 자는 사람을 얻느니라

10)잠13:12 소망이 더디 이루어지면 그것이 마음을 상하게 하거니와 소원이 이루어지는 것은 곧 생명 나무니라

11)계22:14 자기 두루마기를 빠는 자들은 복이 있으니 이는 그들이 생명나무에 나아가며 문들을 통하여 성에 들어갈 권세를 받으려 함이로다

12)창3:24 이같이 하나님이 그 사람을 쫓아내시고 에덴 동산 동쪽에 그룹들과 두루도는 불 칼을 두어 생명 나무의 길을 지키게 하시니라

뱀?=범죄한 천사

13)계12:9 큰 용이 내쫓기니 옛 뱀 곧 마귀라고도 하고 사탄이라고도 하며 온 천하를꾀는 자라 그가 땅으로 내쫓기니 그의 사자들도 그와 함께 내쫓기니라

14)눅10:18 사단이 하늘로서 번개같이 떨어지는 것을 내가 보았노라.

15)벧후2:4 하나님이 범죄한 천사들을 용서하지 아니하시고 지옥에 던져 어두운 구덩이에 두어 심판 때까지 지키게 하셨으며

16)유1:6-7

6또 자기 지위를 지키지 아니하고 자기 처소를 떠난 천사들을 큰 날의 심판까지 영원한 결박으로 흑암에 가두셨으며

7소돔과 고모라와 그 이웃 도시들도 그들과 같은 행동으로 간음을 행하며 다른 육체를 따라 가다가 영원한 불의 형벌을 받음으로 거울이 되었느니라

천사의 지위

17)히1:14 모든 천사들은 섬기는 영으로서 구원 받을 상속자들을 위하여 섬기라고 보내심이 아니냐

천사는 인간과 같은 행동을 함

18)창19:5 롯을 부르고 그에게 이르되 오늘 밤에 네게 온 사람들이 어디 있느냐 이끌어 내라 우리가 그들을 상관하리라

19)창32:24-25

24야곱은 홀로 남았더니 어떤 사람이 날이 새도록 야곱과 씨름하다가

25자기가 야곱을 이기지 못함을 보고 그가 야곱의 허벅지 관절을 치매 야곱의 허벅지 관절이 그 사람과 씨름할 때에 어긋났더라

20)행5:19주의 사자가 밤에 옥문을 열고 끌어내어 이르되

인간최초의 타락은 사랑의 타락

21)딤전2:13-15

13이는 아담이 먼저 지음을 받고 하와가 그 후며

14아담이 속은 것이 아니고 여자가 속아 죄에 빠졌음이라

15그러나 여자들이 만일 정절로써 믿음과 사랑과 거룩함에 거하면 그의해 산함으로 구원을 얻으리라

22)창3:7 이에 그들의 눈이 밝아져 자기들이 벗은 줄을 알고 무화과나무 잎을 엮어 치마로 삼았더라

욥31:33 내가 언제 다른 사람 (아담)처럼 내 악행을 숨긴 일이 있거나 나의 죄악을 나의 품에 감추었으며

무엇이 하나님의 크신 사랑에서 아담과 해와를 떠나게 할 수 있었을까요?

무엇이 사랑하는 부모로부터 자식의 몸과 마음을 빼앗아갈 수 있었을까요?

무엇이기에 죽어도 좋다는 결심을 하면서 따먹었을까요?

사랑의 유혹 밖에 없다.

하나님의 말씀을 순종하지 않아서 시험한 말을 듣지 않아서 하나님의 자식이 마귀자식이 되나요. 어떻게 하나님의 자녀를 사탄이 내 것이라고 하나요.

소유결정은 창조했거나 사랑의 관계 밖에는 없습니다.

사탄과 정(사랑)을 통했기 때문에 사탄 소유가 가능한 것입니다.

(ex)부모의 말을 안 듣고 불한당과 나가서 살던 딸이 돌아와도 문밖에서 자기 여자 내놓으라고 불한당이 행패 부린다. 불한당이 자기와 정을 통했기 때문에 자기 여자라고 한다.

시험이 아니고 어린 자식을 사랑하고 염려하는 부모님의 애틋한 사랑의 당부 말씀이다. 어릴 때는 말아야 할 것이 성인이 되면 해야 할 것으로 바뀐다.

〈참고〉신약 외경 야고보 원복음서13:1 청혼한 마리아를 보고 울면서 누가 내 집에서 이 악행을 저질러 이 처녀를 욕되게 하였는가? 혹시 아담에게 일어난 일이 내게 생긴 것이 아닐까?

(이 말씀은 아담에게 일어난 일이 불륜이라는 것을 말씀하는 것이다.)

사랑의 범죄는 용서하지 않는다

23)창6:2-3

2하나님의 아들들이 사람의 딸들의 아름다움을 보고 자기들이 좋아하는 모

든 여자를 아내로 삼는지라

3여호와께서 이르시되 나의 영이 영원히 사람과 함께 하지 아니하리니 이는 그들이 육신이 됨이라 그러나 그들의 날은 백이십 년이 되리라 하시니라

24)창19:24-25

24여호와께서 하늘곧 여호와께로부터 유황과 불을 소돔과 고모라에 비같이 내리사

25그 성들과 온 들과 성에 거주하는 모든 백성과 땅에 난것을 다 엎어 멸하셨더라

25)히13:4 모든 사람은 결혼을 귀히 여기고 침소를 더럽히지 않게 하라 음행하는 자들과 간음하는 자들을 하나님이 심판하시리라

26)엡5:5 너희도 정녕 이것을 알거니와 음행하는 자나 더러운 자나 탐하는 자 곧 우상 숭배자는 다 그리스도와 하나님의 나라에서 기업을 얻지 못하리니 **사랑의 범죄이므로 유전된다.**

27)요8:44 너희는 너희 아비 마귀에게서 났으니 너희 아비의 욕심대로 너희도 행하고자 하느니라 그는 처음부터 살인한 자요 진리가 그 속에 없으므로 진리에 서지 못하고 거짓을 말할 때마다 제 것으로 말하나니 이는 그가 거짓말쟁이요 거짓의 아비가 되었음이라

28)마12:34 독사의 자식들아 너희는 악하니 어떻게 선한 말을 할 수 있느냐 이는 마음에 가득한 것을 입으로 말함이라

29)마23:33 뱀들아 독사의 새끼들아 너희가 어떻게 지옥의 판결을 피하겠느냐

30)계14:4 이 사람들은 여자와 더불어 더럽히지 아니하고 순결한 자라 어린 양이 어디로 인도하든지 따라가는 자며 사람 가운데에서 속량함을 받아 처음 익은 열매로 하나님과 어린 양에게 속한 자들이니

31)요3:3 예수께서 대답하여 이르시되 진실로 진실로 네게 이르노니 사람이 거듭나지 아니하면 하나님의 나라를 볼 수 없느니라 (거듭나야한다 → 잘못 태어났기 때문에)

타락의 결과

32)막7:21~23

21속에서 곧 사람의 마음에서 니오는 것은 악한 생각 곧 음란과 도둑질과 살인과

22간음과 탐욕과 악독과 속임과 음탕과 질투와 비방과 교만과 우매함이니

23이 모든 악한 것이 다 속에서 나와서 사람을 더럽게 하느니라

33)약4:8 하나님은 가까이하라 그리하면 너희를 가까이하시리라 죄인들아 손을 깨끗이 하라 두마음을 품은 자들아 마음을 성결하게 하라

(두 마음을 품게 되었다, 모순적 인간, 선악의 모체) 하나님을 중심한 참 사랑의 완성을 이루지 못하면 죽은 것이다. 예를 들면, 컵이 떨어져서 깨지면 컵이 아니고 유리조각일 뿐이다. 인간이 타락함으로 짐승이 되었다. 하나님의 선의 자녀로서 기쁨을 돌려드려야 하는데 하나님께 슬픔을 돌려드리는 존재가 되었다. 우리 인간의 가치를 완전히 상실했다.

[우주의 3대 슬픔]

하나님 : 자녀를 잃은 슬픔

34)창6:6-7

6땅 위에 사람 지으셨음을 한탄하사 마음에 근심하시고

7이르시되 내가 창조한 사람을 내가 지면에서 쓸어버리되 사람으로부터 가축과 기는 것과 공중의 새까지 그리하리니 이는 내가 그것들을 지었음을 한탄함이니라 하시니라

35)사1:3-4

3소는 그 임자를 알고 나귀는 그 주인의 구유를 알건마는 이스라엘은 알지 못하고 나의 백성은 깨닫지 못하는도다 하셨도다

4슬프다 범죄한 나라요 허물진 백성이요 행악의 종자요 행위가 부패한 자식이로다 그들이 여호와를 버리며 이스라엘의 거룩하신이를 만홀히 여겨 멀리

하고 물러갔도다

36)렘13:17 너희가 이를 듣지 아니하면 나의 심령이 너희교만으로 말미암아 은밀한 곳에서 울것이며 여호와의 양떼가 사로잡힘으로 말미암아 눈물을 흘려 통곡하리라

인간 : 자기 가치를 잃은 슬픔

37)렘17:9-11

9만물보다 거짓되고 심히 부패한것은 마음이라 누가 능히이를 알리요마는

10나 여호와는 심장을 살피며 폐부를 시험하고 각각 그의 행위와 그의 행실대로 보응하나니

11불의로 치부하는 자는 자고새가 낳지 아니한 알을 품음 같아서 그의 중년에 그것이 떠나겠고 마침내 어리석은 자가 되리라

만물 : 주관자를 잃은 슬픔

38)롬8:20-22

20피조물이 허무한 데 굴복하는 것은 자기 뜻이 아니요 오직 굴복하게 하시는 이로 말미암음이라

21그 바라는 것은 피조물도 썩어짐의 종 노릇 한 데서 해방되어 하나님의 자녀들의 영광의 자유에 이르는 것이니라

22피조물이 다 이제까지 함께 탄식하며 함께 고통을 겪고 있는 것을 우리가 아느니라

39)호4:3 그러므로 이 땅이 슬퍼하며 거기 사는 자와 들짐승과 공중에 나는 새가 다 쇠잔할 것이요 바다의 고기도 없어지리라

인간의 성기는 기쁨도 되지만 오용하면 죄악이 된다. 사랑이 없는 상태에서 육체적 사랑은 죽이는 행위가 된다.

창1장 : 바빌론 포로기에 제사장들에 의하여 쓰인 사제문서(P문서)이다.

창2,3장 : (J기자) 다윗과 솔로몬왕시대에 윤리적 도덕적 타락을 걱정한

왕궁학자가 썼다.

사도바울 원죄사상을 주장했고 아우구스티누스도 원죄가 있음을 말씀했다. : 비슷한 내용의 타락설화가 널리 퍼져있다.

인간에게 계명을 주신 이유

3大축복(생육, 번성, 만물 주관)을 사랑과 심정으로 인격을 완성하라는 말씀.

이 사랑을 완성하기 위하여 가는 길에 있어서 염려되는 것이있습니다.

부모를 사랑하고 이성인 부부사랑을 찾아가는 길에서 잘못하면 탈선할 수 있습니다.

염려되어서 주신 말씀입니다.

철들기 전에 이성의 사랑에 눈을 뜨면 육신의 욕망에 주관 받게 되고 자기중심적인 마음을 가진 사람으로 어른이 됩니다.

그러면 불효자식이 되어서 장가가도 시집가도 불효자식이 됩니다.

그러므로 사춘기가 되면 이성을 사랑하게 되는데 그보다 부모님을 더 사랑했다는 기준을 세우는 것이 성장기간에 해야 할 인간의 책임입니다. 인간의 책임을 하나님이 간섭할 수 없습니다. 인간에게 하라 말라를 주신 것을 하나님이 해 주실 일이라면 하라 말라를 하시지 않습니다. 자식에 대해 자기가 책임을 해야 자식도 기쁘고 그 모습을 보는 하나님도 기쁩니다.

여성해방이 남성해방입니다.

성적욕구가 가져와 주는 쾌감을 얻고자 하면서 다른 한편은 성욕을 원죄와 관련시켜서 부정한 것으로 여기는 이중적 성 윤리를 가져왔다. 이 이중적 성 윤리로 인하여 정신적으로나 육체적으로 고통을 겪는 자가 많다.

새천년을 여는 시점에서 새로운 성 윤리가 제시되어야 한다.

성에 대한 올바른 이해, 성의 올바른 사용법, 왜곡되어온 성 윤리의 대안이 제시되어야한다. 성(性)에 대한 성(聖)스러운 대안을 제시하고 올바른 성윤리가 확립되어야 한다.

양성의 성의 결합에는 성애의 기쁨뿐만 아니라 인격의 완성을 향한 놀라운 신비가 있다.

가정 사회 국가 세계적으로 평등의 가치를 세워야 한다. 여성성에 대한 무지와 욕정의 남용으로 여성을 비인간화했다.(여성: 아이와 의사교환을 위해서 언어감각, 유연성 직관: 협동화합특성) 남성의 성의 구조로 인하여 성이 파괴되었다.(남성: 직선적, 논리적, 힘의 승패투성)

선과 악은 동일한 개체 내에 상존하고 있는 것으로서 하나님을 중심한 창조목적에 위배되는 방향과 동기와 목적을 달리하면 악의 결과를 맺는다. 주관할 것을 주관하지 못하면 결과는 고통과 슬픔과 악이 된다. 예를 들면, 컴퓨터, 마약, 돈, 사랑을 주관하지 못하면 인간을 망친다. 사랑을 주관하지 못해서 악의 결과를 맺었다.

제6장 말세론

하나님이 말세를 하는 이유는 창조목적이 이루어지지 않았기 때문에 현 세상을 멸하고 하나님의 나라를 이루기 위해서 말세를 하신다.

인간이 종말을 기다리는 이유는 현실이 불행하기 때문이다.

행복하지 않은 이유는 불평등하기 때문이다. 공정한 세계를 원한다

새로운 시작을 원한다. 그러므로 지금 세계는 깨져야 한다.

종말은 끝인데 끝을 알려면 시작을 알아야 한다.

종말을 잘못 이해하면 옴진리교와 같이 살인가스 뿌려서 새 세상을 만들려고 한다.

하나님의 심정적으로 보면

죄인을 심판하는 것이 아니라 죄인을 구하러 오셨다고 한다.

긍휼: 불쌍한 사람을 구제하는 것

말세현상

신약의 예언

1)벧후3:12-13

12하나님의 날이 임하기를 바라보고 간절히 사모하라 그 날에 하늘이 불에 타서 풀어지고 물질이 뜨거운 불에 녹아지려니와

13우리는 그의 약속대로 의가 있는 곳인 새 하늘과 새 땅을 바라보도다

2)계21:1 또 내가 새 하늘과 새 땅을 보니 처음 하늘과 처음 땅이 없어졌고

바다도 다시 있지 않더라

　3)마24:29 그 날 환난 후에 즉시 해가 어두워지며 달이 빛을 내지 아니하며 별들이 하늘에서 떨어지며 하늘의 권능들이 흔들리리라

　4)살전4:17 그 후에 우리 살아 남은 자도 저희와 함께 구름 속으로 끌어 올려 공중에서 주를 영접하게 하시리니 그리하여 우리가 항상 주와 함께 있으리라

　5)계1:7 볼지어다 구름을 타고 오시리라 각인의 눈이 그를 보겠고 그를 찌른 자들도 볼 터이요 땅에 있는 모든 족속이 그를 인하여 애곡하리니 그러하리라 아멘

구약의 예언

　겔7:3 이제는 네게 끝이 이르렀나니 내가 내 진노를 내게 발하여 네 행위를 국문하고 너의 모든 가증한 일을 보응하리라

　6)말4:1 만군의 여호와가 이르노라 보라 극렬한 풀무불 같은 날이 이르리니 교만한자와 악을 행하는 자는 다 초개 같을 것이라 그 이르는 날이 그들을 살라 그 뿌리와 가지를 남기지 아니할 것이로되

　7)사66:15 보라 여호와께서 불에 옹위되어 강림하시리니 그 수레들은 회오리바람 같으리로다 그가 혁혁한 위세로 노를 베푸시며 맹렬한 화염으로 견책하실 것이라

　8)사24:19 땅이 깨어지고 깨어지며 땅이 갈라지고 땅이 흔들리고 흔들리며

　9)사13:10 하늘의 별들과 별 떨기가 그 빛을 내지 아니하며 해가 돋아도 어두우며 달이 그 빛을 비취지 아니할 것이로다

　10)단7:13 내가 또 밤 이상 중에 보았는데 인자 같은 이가 하늘 구름을 타고 와서 옛적부터 항상 계신 자에게 나아와 그 앞에 인도되매

하나님의 심정으로 보면

　11)마 18:12-14

12너희 생각에는 어떠하냐 만일 어떤 사람이 양 백 마리가 있는데 그 중의 하나가 길을 잃었으면 그 아흔아홉 마리를 산에 두고 가서 길 잃은 양을 찾지 않겠느냐

13진실로 너희에게 이르노니 만일 찾으면 길을 잃지 아니한 아흔아홉 마리보다 이것을 더 기뻐하리라

14이와 같이 이 작은 자 중의 하나라도 잃는 것은 하늘에 계신 너희 아버지의 뜻이 아니니라

12)마9:11~13

11바리새인들이 보고 그의 제자들에게 이르되 어찌하여 너희 선생은 세리와 죄인들과 함께 잡수시느냐

12예수께서 들으시고 이르시되 건강한 자에게는 의사가 쓸 데 없고 병든 자에게 라야 쓸 데 있느니라

13너희는 가서 내가 긍휼을 원하고 제사를 원하지 아니하노라 하신 뜻이 무엇인지 배우라 나는 의인을 부르러 온 것이 아니요 죄인을 부르러 왔노라 하시니라

13)겔33:11 너는 그들에게 말하라 주 여호와의 말씀이니라 나의 삶을 두고 맹세하노니 나는 악인이 죽는 것을 기뻐하지 아니하고 악인이 그의 길에서 돌이켜 떠나 사는 것을 기뻐하노라 이스라엘족속아 돌이키고 돌이키라 너희 악한 길에서 떠나라 어찌 죽고자 하느냐 하셨다 하라

예수님 때까지의 예언

14)눅24:27 이에 모세와 및 모든 선지자의 글로 시작하여 모든 성경에 쓴 바 자기에 관한 것을 자세히 설명하시니라

15)마11:12-13

12세례 요한의 때부터 지금까지 천국은 침노를 당하나니 침노하는 자는 빼앗느니라

13모든 선지자와 및 율법의 예언한 것이 요한까지니

16)롬10:4 그리스도는 모든 믿는 자에게 의를 이루기 위하여 율법의 마침이 되시니라

비유와 상징

17)시78:2 내가 입을 열고 비유를 베풀어서 옛 비밀한 말을 발표하리니

18)겔20:49 내가 가로되 오호라 주 여호와여 그들이 나를 가리켜 말하기를 그는 비유로 말하는 자가 아니냐 하나이다 하니라

예수님 비유로 말씀

19)마13:34 예수께서 이 모든 것을 무리에게 비유로 말씀하시고 비유가 아니면 아무것도 말씀하지 아니하셨으니

20)마13:10–13

10제자들이 예수께 나아와 가로되 어찌하여 저희에게 비유로 말씀하시나이까

11대답하여 가라사대 천국의 비밀을 아는 것이 너희에게는 허락되었으나저희에게는 아니 되었나니

12무릇있는 자는 받아 넉넉하게 되되 무릇없는 자는 그 있는것도 빼앗기리라

13그러므로 내가 저희에게 비유로 말하기는 저희가 보아도 보지 못하며 들어도 듣지 못하며 깨닫지 못함이니라

21)요16:12–13, 25 내가 아직도 너희에게 이를 것이 많으나 지금은 너희가 감당치 못하리라

13그러하나 진리의 성령이 오시면 그가 너희를 모든 진리 가운데로 인도하시리니 그가 자의로 말하지 않고 오직 듣는 것을 말하시며 장래 일을 너희에게 알리시리라

25이것을 비사로 너희에게 일렀거니와 때가 이르면 다시 비사로 너희에게 이르지 않고 아버지에 대한 것을 밝히 이르리라

불이 말씀

22)렘5:14 그러므로 만군의 하나님 여호와가 이같이 말하노라 그들이 이 말을 하였은 즉 볼지어다 내가 네 입에 있는 나의 말로 불이 되게 하고 이 백성으로 나무가 되게 하리니 그 불이 그들을 사르리라

23)사11:4 공의로 빈핍한 자를 심판하며 정직으로 세상의 겸손한 자를 판단할 것이며 그 입의 막대기로 세상을 치며 입술의 기운으로 악인을 죽일 것이며

24)벧후3:7 이제 하늘과 땅은 그 동일한 말씀으로 불사르기 위하여 간수하신 바 되어 경건치 아니한 사람들의 심판과 멸망의 날까지 보존하여 두신 것이니라

25)마3:11 나는 너희로 회개케 하기 위하여 물로 세례를 주거니와 내 뒤에 오시는 이는 나보다 능력이 많으시니 나는 그의 신을 들기도 감당치 못하겠노라 그는 성령과 불로 너희에게 세례를 주실 것이요

26)눅12:49 내가 불을 땅에 던지러왔노니 이 불이 이미붙었으면 내가 무엇을 원하리요

27)요12:48 나를 저버리고 내 말을 받지 아니하는 자를 심판할 이가 있으니 곧 나의 한 그 말이 마지막날에 저를 심판하리라

땅의 의미 : 존재기반

28)사24:19 땅이 깨어지고 깨어지며 땅이 갈라지고 땅이 흔들리고 흔들리며 (영적기반)

29)전1:4 한 세대는 가고 한 세대는 오되 땅은 영원히 있도다 (육적기반)

인간은 영육으로 되어있음으로 영육이 존재할 수 있는 기반이 있어야 한다.

해달별의 의미

30)창37:9-12

9요셉이 다시 꿈을 꾸고 그 형들에게 고하여 가로되 내가 또 꿈을 꾼즉 해와 달과 열 한 별이 내게 절하더이다 하니라

10그가 그 꿈으로 부형에게 고하매 아비가 그를 꾸짖고 그에게 이르되 너의 꾼 꿈이 무엇이냐 나와 네 모와 네 형제들이 참으로 가서 땅에 엎드려 네게 절하겠느냐

11그 형들은 시기하되 그 아비는 그 말을 마음에 두었더라

12그 형들이 세겜에 가서 아비의 양떼를 칠 때에

구름타고 오심의 의미

31)단7:13 내가 또 밤 이상 중에 보았는데 인자 같은 이가 하늘 구름을 타고 와서 옛적부터 항상 계신 자에게 나아와 그 앞에 인도되매

육신쓰고 오심

32)사7:14 그러므로 주께서 친히 징조로 너희에게 주실 것이라 보라 처녀가 잉태하여 아들을 낳을 것이요 그 이름을 임마누엘이라 하리라

33)마2:1-2

1헤롯 왕 때에 예수께서 유대 베들레헴에서 나시매 동방으로부터 박사들이 예루살렘에 이르러 말하되

2유대인의 왕으로 나신 이가 어디 계시뇨 우리가 동방에서 그의 별을 보고 그에게 경배하러 왔노라 하니

신약에서도 구름타고 오신다고 예언

34)계1:7 볼지어다 구름을 타고 오시리라 각인의 눈이 그를 보겠고 그를 찌른 자들도 볼 터이요 땅에 있는 모든 족속이 그를 인하여 애곡하리니 그러하리라 아멘

35)히12:1 이러므로 우리에게 구름 같이 둘러싼 허다한 증인들이 있으니 모든 무거운 것과 얽매이기 쉬운 죄를 벗어 버리고 인내로써 우리 앞에 당한

경주를 경주하며

36)사 19:1 애굽에 관한 경고라 보라 여호와께서 빠른 구름을 타고 애굽에 임하시리니 애굽의 우상들이 그 앞에서 떨겠고 애굽인의 마음이 그 속에 녹으리로다

육신 탄생

37)계12:5 여자가 아들을 낳으니 이는 장차 철장으로 만국을 다스릴 남자라 그 아이를 하나님 앞과 그 보좌 앞으로 올려가더라

38)눅1:31 보라 네가 수태하여 아들을 낳으리니 그 이름을 예수라 하라

39)요3:13 하늘에서 내려온 자 곧 인자 외에는 하늘에 올라간 자가 없느니라

육신탄생을 부인하는 자가 적그리스도

40)요2서1:7 미혹하는 자가 많이 세상에 나왔나니 이는 예수 그리스도께서 육체로 임하심을 부인하는 자라 이것이 미혹하는 자요 적그리스도니

예수님 때가 말세였음

41)벧전1:20 그는 창세 전부터 미리 알리신 바 된 자나 이 말세에 너희를 위하여 나타내신 바 되었으니

42)히1:2 이 모든 날 마지막에 아들로 우리에게 말씀하셨으니 이 아들을 만유의 후사로 세우시고 또 저로 말미암아 모든 세계를 지으셨느니라

43)고후5:17 그런즉 누구든지 그리스도 안에 있으면 새로운 피조물이라 이전 것은 지나갔으니 보라 새것이 되었도다

44)암8:11 주 여호와의 말씀이니라 보라 날이 이를지라 내가 기근을 땅에 보내리니 양식이 없어 주림이 아니며 물이 없어 갈함이 아니요 여호와의 말씀을 듣지 못한 기갈이라

지금 이 시대에 혼란과 혼돈과 불확실성의 시대가 된 것은 하나님의 음성, 말씀을 듣지 못하기 때문이다. 하나님의 말씀이 없는 시대에 살아가고 있다.

　인생관 역사관 세계관 가치관이 말세 되면 새로운 피조물이 된다. 말세는 나의 인성이 하나님의 말씀으로 창조본성으로 회복되는 것이다.

　미래에는 인공지능을 가진 로봇, 복제인간이 나오는 시대가 되므로 인간의 본성이 회복되지 않으면 그들의 노예가 되면서 인간 중심으로 한 세계가 파멸될 가능성이 있다. 이런 상황을 아시고 하나님께서는 참부모님을 보내시어서 새로운 하나님의 음성, 말씀으로 행복의 시대를 열어 나가신다.

제7장 하나님의 예정과 인간의 운명

예정론은 어떻게 이해하느냐에 따라서 우리의 신앙적 삶의 자세에 많은 영향을 준다.

운명, 숙명: 목적이 없다

예정: 목적이 있다(하나님의 뜻을 중심삼고 창조목적을 향하여 진행되어진다).

예정론은 역사와 신앙적으로 봐야 한다.

가톨릭은 예정론이 없다.

신학의 역사와 기독교의 역사를 꿰뚫어야 한다.

10세기에 문제가 생겼다. 예루살렘 성지를 탈환하기 위해 십자군 전쟁을 했다.

10세기~14세기에 8차에 걸쳐서 십자군 전쟁을 하면서 많이 살인하고 약탈했다.

십자군 전쟁으로 인해 동·서양을 알게 됐다.

內: 15세기 교황의 권위가 땅에 떨어졌다.

外: 16세기 르네상스와 종교개혁이 일어났다.

르네상스: 인본주의사상, 과학발전으로 병은 위생이 불결해서 생겼다. 하나님이 주신 것이 아니다. 과학은 과학으로 해석했다.

내적으로 하나님의 권위가 떨어지므로 가톨릭 신부들이 걱정했다.

하나님의 권위를 세워야 할 필요성을 느꼈다.

교황은 건물을 크게 세워서 권위를 높였다(면죄(벌)부 발행).

죄가 있는데 벌주지 않는다.

루터는 신앙은 행위로 구원받는 것이 아니라 믿음으로 구원받는 것이라고 해석했다.

종교가 하나님을 이용해서 인간을 못살게 굴었다고 버리게 됐다

캘빈은 하나님의 목적을 이루기 위해서 예정하셨다고 예언을 했다. 엡1:4 하나님께서는 루터의 종교개혁이 성공하게 하시므로 개신교를 선택했다. 구교는 망하고 신교가 승리했다. 개신교는 잘 살고 구교는 못 산다.

캘빈의 예언이 맞았다.

역사를 이끌어 가기 위해서 신앙인은 하나님의 섭리를 해석한다. 건물 짓는 것이 아니다. 과학이 발전하고 신앙이 쇠퇴해도 결국은 하나님의 섭리는 뜻대로 되어 진다.

성서와 계시 신관 인간론 그리스도론 구원론 죄론 교회론 교리 배경에 예정론이 들어가 있다. 행위구원(야고보서도 행위로 구원받는다는 뜻은 아니다. 약2장→발전시킨 사람: 펠라기우스)

1)롬8:29-30

29하나님이 미리 아신 자들을 또한 그 아들의 형상을 본받게 하기 위하여 미리 정하셨으니 이는 그로 많은 형제 중에서 맏아들이 되게 하려 하심이니라

30또 미리 정하신 그들을 또한 부르시고 부르신 그들을 또한 의롭다 하 시고 의롭다 하신 그들을 또한 영화롭게 하셨느니라

2)롬9:15-16

15모세에게 이르시되 내가 긍휼히 여길 자를 긍휼히 여기고 불쌍히 여길 자를 불쌍히 여기리라 하셨으니

16그런즉 원하는 자로 말미암음도 아니요 달음박질하는 자로 말미암음도 아니요 오직 긍휼히 여기시는 하나님으로 말미암음이니라

3)롬9:19-22

19혹 네가 내게 말하기를 그러면 하나님이 어찌하여 허물하시느냐 누가 그 뜻을 대적하느냐 하리니

20이 사람아 네가 누구이기에 감히 하나님께 반문하느냐 지음을 받은 물건이 지은 자에게 어찌 나를 이같이 만들었느냐 말하겠느냐

21토기장이가 진흙 한 덩이로 하나는 귀히 쓸 그릇을, 하나는 천히 쓸 그릇을 만들 권한이 없느냐

22만일 하나님이 그의 진노를 보이시고 그의 능력을 알게 하고자 하사 멸하기로 준비된 진노의 그릇을 오래 참으심으로 관용하시고

4)딤후2:20

큰 집에는 금 그릇과 은 그릇 뿐 아니라 나무그릇과 질그릇도 있어 귀하게 쓰는 것도 있고 천하게 쓰는 것도 있나니 (절대선 앞에 다 똑같다)

5)롬9:10-13

10그뿐 아니라 또한 리브가가 우리 조상 이삭 한 사람으로 말미암아 임신하였는데

11그 자식들이 아직 나지도 아니하고 무슨 선이나 악을 행하지 아니한 때에 택하심을 따라 되는 하나님의 뜻이 행위로 말미암지 않고 오직 부르시는 이로 말미암아 서게 하려 하사

12리브가에게 이르시되 큰 자가 어린 자를 섬기리라 하셨나니

13기록된 바 내가 야곱은 사랑하고 에서는 미워하였다 하심과 같으니라

6)엡1:4-5

4곧 창세 전에 그리스도 안에서 우리를 택하사 우리로 사랑 안에서 그 앞에 거룩하고 흠이 없게 하시려고

5그 기쁘신 뜻대로 우리를 예정하사 예수 그리스도로 말미암아 자기의 아들들이 되게 하셨으니

예정론을 잘못 이해할 경우

1 잘못된 것이 바뀌지 않는다.

2 노력이 필요 없고 의욕이 없다. 무책임, 무감각해진다.

바울은 인간 행위로 하나님의 뜻을 바꿀 수 없다(어거스틴).

1 자유의지가 있다: 인형, 로봇, 꼭두각시로 창조하지 않았다. 사랑의 대상으로서, 인격체로서, 자유의지가 있는 인간으로 창조했다.

2 사랑의 원칙에 위배된다: 좋아하는 사람만 사랑하는 것은 참사랑이 아니다.

3 죄의 창조자: 비성서적이다. 비윤리적이고 비복음적이다.

하나님의 예정을 부정하는 성구

※ 책임분담과 자유의지에 위배

7)마7:7 구하라 그리하면 너희에게 주실 것이요 찾으라 그리하면 찾아낼 것이요 문을 두드리라 그리하면 너희에게 열릴 것이니

8)막5:34 예수께서 이르시되 딸아 네 믿음이 너를 구원하였으니 평안히 가라 네 병에서 놓여 건강할지어다

9)약5:14 너희 중에 병든 자가 있느냐 그는 교회의 장로들을 청할 것이요 그들은 주의 이름으로 기름을 바르며 그를 위하여 기도할지니라

10)창2:16-17

16여호와 하나님이 그 사람에게 명하여 이르시되 동산 각종 나무의 열매는 네가 임의로 먹되

17선악을 알게 하는 나무의 열매는 먹지 말라 네가 먹는 날에는 반드시 죽으리라 하시니라

※ 공의의 사랑의 하나님

11)요3:16 하나님이 세상을 이처럼 사랑하사 독생자를 주셨으니 이는 그를

믿는 마다 멸망하지 않고 영생을 얻게 하려 하심이라

12)딤전2:4 하나님은 모든 사람이 구원을 받으며 1)진리를 아는 데에 이르기를 원하시느니라

13)롬8:32 자기 아들을 아끼지 아니하시고 우리 모든 사람을 위하여 내주신 이가 어찌 그 아들과 함께 모든 것을 우리에게 주시지 아니하겠느냐

※ 죄의 창조가 아님

14)겔33:11 너는 그들에게 말하라 주 여호와의 말씀이니라 나의 삶을 두고 맹세하노니 나는 악인이 죽는 것을 기뻐하지 아니하고 악인이 그의 길에서 돌이켜 떠나 사는 것을 기뻐하노라 이스라엘 족속아 돌이키고 돌이키라 너희 악한 길에서 떠나라 어찌 죽고자 하느냐 하셨다 하라

15)창6:6 땅 위에 사람 지으셨음을 한탄하사 마음에 근심하시고

16)삼상15:11 내가 사울을 왕으로 세운 것을 후회하노니 그가 돌이켜서 나를 따르지 아니하며 내 명령을 행하지 아니하였음이니라 하신지라 사무엘이 근심하여 온 밤을 여호와께 부르짖으니라

뜻에 대한 예정 : 절대예정

[참고] 창6:6, 삼상15:11

17)사46:11 내가 동쪽에서 사나운 날짐승을 부르며 먼 나라에서 나의 뜻을 이룰 사람을 부를 것이라 내가 말하였은즉 반드시 이룰 것이요 계획하였은즉 반드시 시행하리라

18)사14:24 만군의 여호와께서 맹세하여 이르시되 내가 생각한 것이 반드시 되며 내가 경영한 것을 반드시 이루리라

뜻 성사에 대한 예정 : 상대예정

[참고] 막5:34

19)창1:28 하나님이 그들에게 복을 주시며 하나님이 그들에게 이르시되 생육하고 번성하여 땅에 충만하라, 땅을 정복하라, 바다의 물고기와 하늘의 새와 땅에 움직이는 모든 생물을 다스리라 하시니라

20)창2:17 선악을 알게 하는 나무의 열매는 먹지 말라 네가 먹는 날에는 반드시 죽으리라 하시니라

인간에 대한예정 : 상대예정 (모세, 가롯유다, 유대인)

21)욘3:7-10

7왕과 그의 대신들이 조서를 내려 니느웨에 선포하여 이르되 사람이나 짐승이나 소 떼나 양 떼나 아무것도 입에 대지 말지니 곧 먹지도 말 것이요 물도 마시지 말 것이며

8사람이든지 짐승이든지 다 굵은 베 옷을 입을 것이요 힘써 하나님께 부르짖을 것이며 각기 악한 길과 손으로 행한 강포에서 떠날 것이라

9하나님이 뜻을 돌이키시고 그 진노를 그치사 우리가 멸망하지 않게 하시리라 그렇지 않을 줄을 누가 알겠느냐 한지라

10하나님이 그들이 행한 것 곧 그 악한 길에서 돌이켜 떠난 것을 보시고 하나님이 뜻을 돌이키사 그들에게 내리리라고 말씀하신 재앙을 내리지 아니하시니라

예정론을 세워주는 성구 해명

※ 롬8:29~30 : 인간책임분담에 대한 말씀생략

※ 롬9:15~16 : 하나님의 권능과 은총 강조

※ 롬9:19~22, 딤후2:20~21 : 타락한 인간은 하나님에게 불평해서는 안됨

※ 롬9:10~13 : 복귀섭리노정의 프로그램을 맞추기 위함 (절대선 앞에 다 똑같음)

1. 칼빈의 절대예정(이중예정)

모든 역사의 주인은 하나님이시다. (인생의 영고성쇠, 국가의 흥망성쇠)

구원받을 자와 멸망 받을 자는 정해져 있다(극단적 선택설 구원이다).

캘빈 절대예정

하나님의 뜻 계획 틀림없다. 틀린 것이 없으므로 계획을 바꿀 필요가 없다.

22)롬9:15~16 모세에게 이르시되 내가 긍휼히 여길 자를 긍휼히 여기고 불쌍히 여길 자를 불쌍히 여기리라 하셨으니 그런즉 원하는 자로 말미암음도 아니요 달음박질하는 자로 말미암음도 아니요 오직 긍휼히 여기시는 하나님으로 말미암음이니라

2. 절대예정의 시대(17세기~18세기)

하나님의 절대권과 인간의 자유의지 = 16세기 초

1) 시대흐름 : 중세에서 근대로 나아가는 시대 (근대 국가의 탄생)

르네상스 : 이탈리아에서 시작된 과거로 회귀운동 (인간본성 회복운동)

산업혁명 : 과학의 발전이 현실에 접목된 시대, 폭발적인 사회환경의 변화

종교개혁 : 루터의 종교의 개혁, 개신교의 발전과 확립 (베스트팔렌조약 1648)

2) 캘빈의 예정론의 시대배경

① 인간이성의 발달 : 합리적인 과학적 사고 요구, 하나님에 대한 절대권과 신앙을 위협하여 위기가 옴

② 하나님의 권위 저하 : 가톨릭의 부패

3) 종교적 이유 (절대예정의 필요성)

① 불안한 사회분위기(가치관의 혼돈) – 절대신앙은 평안을 제공

② 은총의 갈구, 오직 믿음으로 하나님만이 구원한다.

③ 프로테스탄트와 가톨릭의 전쟁에서 승리 (1648 베스트팔렌조약)

캘빈의 예정론은 한 시대의 사명을 했다

영원한 말씀이 아니다

지금 시대는 더불어 살아야 하고 관심과 책임을 가져야한다

4) 결과

① 노력의 불필요 – 의욕의 상실 – 주변의 외면

② 모든 것은 하나님의 뜻 – 체념 – 사회변화에 관심 없음 – 무책임

창조목적 완성은 미완성의 인간들이 완성해야 한다(책임분담)

그러므로 뜻 성사는 상대예정이다.

기독교는 뜻을 모르기 때문에 성사시키는 것을 모른다.

뜻을 완성하시는 분이다.

하나님이 없이 뜻을 이뤄보려고 했던 사상이 공산주의이다. 역사에는 방향성이 있다. 뜻, 목적, 결과가 있다 하나님을 독재자로 만든 단체는 회교이다. 잘 못 산다.

이제는 하나님의 뜻을 인간 책임분담해서 하나님의 뜻을 어떻게 이뤄볼 것인가 고민해야 한다.

구원섭리는 프로그램이 있다. 선편을 통해서 악편을 구원한다.

절대선 앞에 다 똑같다(딤후2:20).

기독교인보다 캘빈을 더 사랑해야 한다.

과거의 신앙에서 새로운 신앙으로 가야 한다. 로마서의 새로운 이해가 필요하다.

바울은 믿음을 강조했다(칭의의 은총) : 수신자가 예수님을 모르는 이방인이었다. 야고보는 행위의 구원을 강조했다. 수신자가 예루살렘 성도들이었다. 예수님을 믿는 자는 유대인보다 올바르게 생활하고 말씀하였다. 지금 이 시대에는 많은 사람이 예수님을 믿기 때문에 믿음보다 실천(인간 책임분담)을 강조할 필요가 있다.

제8장 십자가의 구원과 재림의 목적

모든 교리는 십자가에 맞춰져있다.

십자가를 올바르게 이해하는 것이 중요하다. 비난하지 말라.

예수님의 심정과 사정을 잘 이해해야 한다.

십자가 사건은 제자들에게 큰 충격이었고 패배였다.

바울이 십자가의 죽음을 구원과 승리로 재해석하므로 다시 일어났다

기독교인이 가장 중요하게 여기는 책은 로마서이다. 십자가의 교리가 완성된 책으로 이해한다.

1. 메시아의 대망

1)눅4:16~21, 28~30

16예수께서 그 자라나신 곳 나사렛에 이르사 안식일에 늘 하시던 대로 회당에 들어가사 성경을 읽으려고 서시매

17선지자 이사야의 글을 드리거늘 책을 펴서 이렇게 기록된 데를 찾으시니 곧

18주의 성령이 내게 임하셨으니 이는 가난한 자에게 복음을 전하게 하시려고 내게 기름을 부으시고 나를 보내사 포로 된 자에게 자유를, 눈 먼 자에게 다시 보게 함을 전파하며 눌린 자를 자유롭게 하고

19주의 은혜의 해를 전파하게 하려 하심이라 하였더라

20책을 덮어 그맡은 자에게 주시고 앉으시니 회당에 있는자들이 다 주목하여 보더라

21이에 예수께서 그들에게 말씀하시되 이 글이 오늘 너희 귀에 응하였느니라 하시니

28회당에 있는 자들이 이것을 듣고 다 크게 화가 나서

29일어나 동네 밖으로 쫓아내어 그 동네가 건설된 산 낭떠러지까지 끌고 가서 밀쳐 떨어뜨리고자 하되

30예수께서 그들 가운데로 지나서 가시니라

2. 처음에 제자들의 시각은 영광의 주님이었다.

2)사9:6 이는 한 아기가 우리에게 났고 한 아들을 우리에게 주신 바 되었는데 그의 어깨에는 정사를 메었고 그의 이름은 기묘자라, 모사라, 전능하신 하나님이라, 영존하시는 아버지라, 평강의 왕이라 할 것임이라

7 그 정사와 평강의 더함이 무궁하며 또 다윗의 왕좌와 그의 나라를 굳게 세우고 지금 이후로 영원히 정의와 공의로 그것을 보존하실 것이라 만군의 여호와의 열심이 이를 이루시리라

3)막2:10 그러나 인자가 땅에서 죄를 사하는 권세가 있는 줄을 너희로 알게 하려 하노라 하시고 중풍병자에게 말씀하시되

11 내가 네게 이르노니 일어나 네 상을 가지고 집으로 가라 하시니

12 그가 일어나 곧 상을 가지고 모든 사람 앞에서 나가거늘 그들이 다 놀라 하나님께 영광을 돌리며 이르되 우리가 이런 일을 도무지 보지 못하였다 하더라

4)막10:35 세베대의 아들 야고보와 요한이 주께 나아와 여짜오되 선생님이여 무엇이든지 우리의 구하는 바를 우리에게 하여 주시기를 원하옵나이다

36 이르시되 너희에게 무엇을 하여 주기를 원하느냐

37 여짜오되 주의 영광중에서 우리를 하나는 주의 우편에, 하나는 좌편에 앉게 하여 주옵소서

5)마18:1 그 때에 제자들이 예수께 나아와 이르되 천국에서는 누가 크니이까

2 예수께서 한 어린 아이를 불러 그들 가운데 세우시고

3 이르시되 진실로 너희에게 이르노니 너희가 돌이켜 어린 아이들과 같이 되지 아니하면 결단코 천국에 들어가지 못하리라

4 그러므로 누구든지 이 어린 아이와 같이 자기를 낮추는 사람이 천국에서 큰 자니라

신약시대에서 만난 제자들의 예수님은 하나님의 아들, 기적을 일으키는 분, 하나님의 권능을 갖고 오신 분이다. 그리하여 순수하지 못하고 한자리 하려고 자리다툼도 하였다.

3. 십자가 죽음에 대한 제자들 생각(패배의식)

6)요21:3 시몬 베드로가 나는 물고기 잡으러 가노라 하니 그들이 우리도 함께 가겠다 하고 나가서 배에 올랐으나 그 날 밤에 아무 것도 잡지 못하였더니

다시 그물을 갖고 물고기 잡으러 갔다. 뜻과 이상을 잃어버렸다.

7)막14:50 제자들이 다 예수를 버리고 도망하니라

51 한 청년이 벗은 몸에 베 홑이불을 두르고 예수를 따라가다가 무리에게 잡히매

52 베 홑이불을 버리고 벗은 몸으로 도망하니라

8)눅24:20-21

20우리 대제사장들과 관리들이 사형판결에 넘겨 주어 십자가에 못박았느니라

21우리는 이 사람이 이스라엘을 속량할 자라고 바랐노라 이뿐 아니라 이 일이 일어난 지가 사흘째요

4. 나무에 달린 자는 하나님께 저주받은 자

9)신21:22-23

22사람이 만일 죽을 죄를 범하므로 네가 그를 죽여 나무 위에 달거든

23그 시체를 나무 위에 밤새도록 두지 말고 그 날에 장사하여 네 하나님 여호와께서 네게 기업으로 주시는 땅을 더럽히지 말라 나무에 달린 자는 하나님

께 저주를 받았음이니라

승리자가 아니라 저주받아 죽었다.

5. 반전의 의식 전환

10)눅24:27, 32

27이에 모세와 모든 선지자의 글로 시작하여 모든 성경에 쓴 바 자기에 관한 것을 자세히 설명하시니라

32그들이 서로 말하되 길에서 우리에게 말씀하시고 우리에게 성경을 풀어 주실 때에 우리 속에서 마음이 뜨겁지 아니하더냐 하고

제자들의 차가운 마음, 패배의 마음이 뜨거워졌다. 성경 공부하고 가던 길을 돌이켜서 예루살렘으로 다시 돌아갔다.

6. 성령에 감동된 자는 십자가는 저주가 아니고 주님임

11)고전12:3 그러므로 내가 너희에게 알리노니 하나님의 영으로 말하는 자는 누구든지 예수를 저주할 자라 하지 아니하고 또 성령으로 아니하고는 누구든지 예수를 주시라 할 수 없느니라

7. 제사를 통한 죄사함(유월절)

12)레16:16-22

16곧 이스라엘 자손의 부정과 그들이 범한 모든 죄로 말미암아 지성소를 위하여 속죄하고 또 그들의 부정한 중에 있는 회막을 위하여 그같이 할 것이요

17그가 지성소에 속죄하러 들어가서 자기와 그의 집안과 이스라엘 온 회중을 위하여 속죄하고 나오기까지는 누구든지 회막에 있지 못할 것이며

18그는 여호와 앞 제단으로 나와서 그것을 위하여 속죄할지니 곧 그 수송아지의 피와 염소의 피를 가져다가 제단 귀퉁이 뿔들에 바르고

19또 손가락으로 그 피를 그 위에 일곱 번 뿌려 이스라엘 자손의 부정에서 제단을 성결하게 할 것이요

20그 지성소와 회막과 제단을 위하여 속죄하기를 마친 후에 살아 있는 염소를 드리되

21아론은 그의 두 손으로 살아 있는 염소의 머리에 안수하여 이스라엘 자손의 모든 불의와 그 범한 모든 죄를 아뢰고 그 죄를 염소의 머리에 두어 미리 정한 사람에게 맡겨 광야로 보낼지니

22염소가 그들의 모든 불의를 지고 접근하기 어려운 땅에 이르거든 그는 그 염소를 광야에 놓을지니라

13)레4:1-8

1여호와께서 모세에게 말씀하여 이르시되

2이스라엘 자손에게 말하여 이르라 누구든지 여호와의 계명 중 하나라도 그릇 범하였으되

3만일 기름 부음을 받은 제사장이 범죄하여 백성의 허물이 되었으면 그가 범한 죄로 말미암아 흠 없는 수송아지로 속죄제물을 삼아 여호와께 드릴지니

4그 수송아지를 회막문 여호와 앞으로 끌어다가 그 수송아지의 머리에 안수하고 그것을 여호와 앞에서 잡을 것이요

5기름 부음을 받은 제사장은 그 수송아지의 피를 가지고 회막에 들어가서

6그 제사장이 손가락에 그 피를 찍어 여호와 앞 곧 성소의 휘장 앞에 일곱 번 뿌릴 것이며

7제사장은 또 그 피를 여호와 앞 곧 회막 안 향단 뿔들에 바르고 그 송아지의 피 전부를 회막문 앞 번제 단 밑에 쏟을 것이며

8또 그 속죄제물이 된 수송아지의 모든 기름을 떼어낼지니 곧 내장에 덮인 기름과 내장에 붙은 모든 기름과

종교를 이용해서 지배권을 강화한다(ex천자, 종묘사직)

제사를 통해서 복을 빈다.

고통은 죄 때문에 있는 것이므로 행복하려면 죄를 없애야 한다.

죄를 고백하면 용서받는다. 하나님에게 나아가려면 죄를 없애야 한다.

구약은 죄를 사함 받는 의식이다 복을 비는 것이 아니다.

유월절(출12:1~10) : 구원과 연결되어 있다.

제사의 기원 출12:15:피로써 구원된다.

구약의 핵심제사 : 번제: 충성, 헌신

화제(화목제): 하나님과 인간의 화해 속죄제: 용서하기 위해서(피의제사)

소제: 헌신, 자유를 얻는다.

속건제: 사람과 사람 사이에 불미스러운 일이 생길 때

8. 속죄 제물, 고난의 주

14)사53:4-7

4그는 실로 우리의 질고를 지고 우리의 슬픔을 당하였거늘 우리는 생각하기를 그는 징벌을 받아 하나님께 맞으며 고난을 당한다 하였노라

5그가 찔림은 우리의 허물 때문이요 그가 상함은 우리의 죄악 때문이라 그가 징계를 받으므로 우리는 평화를 누리고 그가 채찍에 맞으므로 우리는 나음을 받았도다

6우리는 다 양 같아서 그릇 행하여 각기 제 길로 갔거늘 여호와께서는 우리 모두의 죄악을 그에게 담당시키셨도다

7그가 곤욕을 당하여 괴로울 때에도 그의 입을 열지 아니하였음이여 마치 도수장으로 끌려가는 어린 양과 털 깎는 자 앞에 잠잠한 양 같이 그의 입을 열지 아니 하였도다

9. 화목제

15)히9:12-14

12염소와 송아지의 피로 하지 아니하고 오직 자기의 피로 영원한 속죄를 이루사 단번에 성소에 들어가셨느니라

13염소와 황소의 피와 및 암송아지의 재를 부정한 자에게 뿌려 그 육체를

정결하게 하여 거룩하게 하거든

14하물며 영원하신 성령으로 말미암아 흠 없는 자기를 하나님께 드린 그리스도의 피가 어찌 너희 양심을 죽은 행실에서 깨끗하게 하고 살아 계신 하나님을 섬기게 하지 못하겠느냐

16)롬5:8-11

8우리가 아직 죄인 되었을 때에 그리스도께서 우리를 위하여 죽으심으로 하나님께서 우리에 대한 자기의 사랑을 확증하셨느니라

9그러면 이제 우리가 그의 피로 말미암아 의롭다 하심을 받았으니 더욱 그로 말미암아 진노하심에서 구원을 받을 것이니

10곧 우리가 원수 되었을 때에 그의 아들의 죽으심으로 말미암아 하나님과 화목하게 되었은즉 화목하게 된 자로서는 더욱 그의 살아나심으로 말미암아 구원을 받을 것이니라

11그뿐 아니라 이제 우리로 화목하게 하신 우리 주 예수 그리스도로 말미암아 하나님 안에서 또한 즐거워하느니라

10. 십자가는 승리

17)요16:33 이것을 너희에게 이르는 것은 너희로 내 안에서 평안을 누리게 하려 함이라 세상에서는 너희가 환난을 당하나 담대하라 내가 세상을 이기었노라

18)롬8:37 그러나 이 모든 일에 우리를 사랑하시는 이로 말미암아 우리가 넉넉히 이기느니라

19)고전15:57 우리 주 예수 그리스도로 말미암아 우리에게 승리를 주시는 하나님께 감사하노니

고난의 주를 십자가의 승리로 선언했다. 반전의 믿음을 갖게 했다. 믿음은 하나님의 아들이 나의 죄를 대속해서 돌아가셨다는 것을 받아들이는 것이다. 하나님의 사랑(의)을 신뢰하는 것이다. 하나님의 믿음과 사랑에 응답

하는 우리의 믿음이 될 때 주님을 영접할 수 있다.

2000년간 난공불락인 십자가의 구원만큼은 하나님의 심정적으로 십자가의 믿음을 건드릴 수 있다.

11. 살아서 구원할 수 있음

20)막2:10 그러나 인자가 땅에서 죄를 사하는 권세가 있는 줄을 너희로 알게 하려 하노라 하시고 중풍병자에게 말씀하시되

죽어야만 죄를 사해주는가?예수님이 왜 이 땅에 오셨는가?

21)마4:17이 때부터 예수께서 비로소 전파하여 이르시되 회개하라 천국이 가까이 왔느니라 하시더라 천국건설

십자가의 구원이 가까이 온 것이 아니라 천국이 가까이 왔다.

22)마6:10 나라가 임하시오며 뜻이 하늘에서 이룬 것 같이 땅에서도 이루어지이다

하나님의 나라가 이 땅에 오기를 기다렸다 죽어서 가는 천국이 아니었다.
천국이 이루어졌는가? 롬 7:20-24 온전한 구원이 이루어지지 않았다.

12. 죄가 아직 있음

23)롬7:21 그러므로 내가 한 법을 깨달았노니 곧 선을 행하기 원하는 나에게 악이 함께 있는 것이로다

13. 영혼 구원

24)벧전1:9 믿음의 결국 곧 영혼의 구원을 받음이라

14. 다시 오심(두 번째 나타나심)

25)히9:28 이와 같이 그리스도도 많은 사람의 죄를 담당하시려고 단번에 드리신 바 되셨고 구원에 이르게 하기 위하여 죄와 상관없이 자기를 바라는

자들에게 두 번째 나타나시리라

왜 다시 와야 할까

26)고전2:8 이 지혜는 이 세대의 통치자들이 한 사람도 알지 못하였나니 만일 알았더라면 영광의 주를 십자가에 못 박지 아니하였으리라

뭔가 하나님의 본래의 뜻이 잘못되었다.

롬3:20 그러므로 율법의 행위로 그의 앞에 의롭다 하심을 얻을 육체가 없나니 율법으로는 죄를 깨달음이니라

율법은 죄를 알게 해주는 것이다. 십자가가 틀렸다는 것이 아니다.

롬5:10 곧 우리가 원수 되었을 때에 그의 아들의 죽으심으로 말미암아 하나님과 화목하게 되었은즉 화목하게 된 자로서는 더욱 그의 살아나심으로 말미암아 구원을 받을 것이니라

죄를 용서하는 것이다. 구원을 받는 것이다. 협의의 구원: 십자가 대속→다 이루었다

광의 구원: 하나님의 나라가 이 땅에 이루어지는 것이다 → 남겨졌다(창조목적)

기독교의 십자가의 구원을 알고 강의하는 것과 이를 모르고 전하면 심정적으로 거리감이 생긴다.

구원의 단계: 1단계 죄를 없애는 단계 2단계: 천국을 만들어가야 한다.

노아 홍수 심판 후에는 죄가 없었다.

이후에 천국을 이 땅에 건설해야 한다. 3대축복을 이루어야 한다. 신종족 메시아 사명을 완수해야 한다.

15. 창조목적이 남아있다. 십자가 구원의 원인은 유대인 불신 때문이었다.

27)말4:4-6

4너희는 내가 호렙에서 온 이스라엘을 위하여 내 종 모세에게 명령한 법 곧

율례와 법도를 기억하라

5보라 여호와의 크고 두려운 날이 이르기 전에 내가 선지자 엘리야를 너희에게 보내리니

6그가 아버지의 마음을 자녀에게로 돌이키게 하고 자녀들의 마음을 그들의 아버지에게로 돌이키게 하리라 돌이키지 아니하면 두렵건대 내가 와서 저주로 그 땅을 칠까 하노라 하시니라

16. 엘리야가 먼저 오시는 이유

28)왕하1:8 그들이 그에게 대답하되 그는 털이 많은 사람인데 허리에 가죽 띠를 띠었더이다 하니 왕이 이르되 그는 디셉 사람 엘리야로다

29)왕상16:29-33

29유다의 아사 왕 제삼십팔년에 오므리의 아들 아합이 이스라엘의 왕이 되니라 오므리의 아들 아합이 사마리아에서 이십이 년 동안 이스라엘을 다스리니라

30오므리의 아들 아합이 그의 이전의 모든 사람보다 여호와 보시기에 악을 더욱 행하여

31느밧의 아들 여로보암의 죄를따라 행하는것을 오히려 가볍게여기며 시돈 사람의 왕 엣바알의 딸 이세벨을 아내로 삼고 가서 바알을 섬겨 예배하고

32사마리아에 건축한 바알의 신전 안에 바알을 위하여 제단을 쌓으며

33또 아세라 상을 만들었으니 그는 그 이전의 이스라엘의 모든 왕보다 심히 이스라엘 하나님 여호와를 노하시게 하였더라

30)왕상18:19~20, 24, 38~40

19그런즉 사람을 보내 온 이스라엘과 이세벨의 상에서 먹는 바알의 선지자 사백오십 명과 아세라의 선지자 사백 명을 갈멜 산으로 모아 내게로 나아오게 하소서

20아합이 이에 이스라엘의 모든 자손에게로 사람을 보내 선지자들을 갈멜

산으로 모으니라

24너희는 너희 신의 이름을 부르라 나는 여호와의 이름을 부르리니 이에 불로 응답하는 신 그가 하나님이니라 백성이 다 대답하되 그 말이 옳도다 하니라

38이에 여호와의 불이 내려서 번제물과 나무와 돌과 흙을 태우고 또 도랑의 물을 핥은지라

39모든 백성이 보고 엎드려 말하되 여호와 그는 하나님이시로다 여호와 그는 하나님이시로다 하니

40엘리야가 그들에게 이르되 바알의 선지자를 잡되 그들 중 하나도 도망하지 못하게 하라 하매 곧 잡은지라 엘리야가 그들을 기손 시내로 내려다가거기서 죽이니라

31)왕상19:1-2

1아합이 엘리야가 행한 모든 일과 그가 어떻게 모든 선지자를 칼로 죽였는지를 이세벨에게 말하니

2이세벨이 사신을 엘리야에게 보내어 이르되 내가 내일 이맘때에는 반드시 네 생명을 저 사람들 중 한 사람의 생명과 같게 하리라 그렇게 하지 아니하면 신들이 내게 벌 위에 벌을 내림이 마땅하니라 한지라

32)왕하2:11 두 사람이 길을 가며 말하더니 불수레와 불말들이 두 사람을 갈라놓고 엘리야가 회오리 바람으로 하늘로 올라가더라

17. 엘리야로 오신 세례요한

33)마11:11-14

11내가 진실로 너희에게 말하노니 여자가 낳은 자 중에 세례 요한보다 큰 이가 일어남이 없도다 그러나 천국에서는 극히 작은 자라도 그보다 크니라

12세례 요한의 때부터 지금까지 천국은 침노를 당하나니 침노하는 자는 빼앗느니라

13모든 선지자와 율법이 예언한 것은 요한까지니

14만일 너희가 즐겨 받을진대 오리라 한 엘리야가 곧 이 사람이니라

34)마17:10-13

10제자들이 물어 이르되 그러면 어찌하여 서기관들이 엘리야가 먼저 와야 하리라 하나이까

11예수께서 대답하여 이르시되 엘리야가 과연 먼저 와서 모든 일을 회복하리라

12내가 너희에게 말하노니 엘리야가 이미 왔으되 사람들이 알지 못하고 임의로 대우하였도다 인자도 이와 같이 그들에게 고난을 받으리라 하시니

13그제서야 제자들이 예수께서 말씀하신 것이 세례요한인 줄을 깨달으니라

18. 엘리야인 세례요한이 스스로를 부인함→사명적 재림

35)요1:19-23

19유대인들이 예루살렘에서 제사장들과 레위인들을 요한에게 보내어 네가 누구냐 물을 때에 요한의 증언이 이러하니라

20요한이 드러내어 말하고 숨기지 아니하니 드러내어 하는 말이 나는 그리스도가 아니라 한대

21또 묻되 그러면 누구냐 네가 엘리야냐 이르되 나는 아니라 또 묻되 네가 그 선지자냐 대답하되 아니라

22또 말하되 누구냐 우리를 보낸 이들에게 대답하게 하라 너는 네게 대하여 무엇이라 하느냐

23이르되 나는 선지자 이사야의 말과 같이 주의 길을 곧게 하라고 광야에서 외치는 자의 소리로라 하니라

36)눅1:17, 75

17그가 또 엘리야의 심령과 능력으로 주 앞에 먼저 와서 아버지의 마음을 자식에게, 거스르는 자를 의인의 슬기에 돌아오게 하고 주를 위하여 세운 백성을 준비하리라

75종신토록 주의 앞에서 성결과 의로 두려움이없이 섬기게하리라 하셨도다

19. 세례요한이 예수님을 증거했음. 그러나 모시지는 못했음

37) 마3:1, 11

1그 때에 세례 요한이 이르러 유대 광야에서 전파하여 말하되

11나는 너희로 회개하게 하기 위하여 물로 세례를 베풀거니와 내 뒤에 오시는 이는 나보다 능력이 많으시니 나는 그의 신을 들기도 감당하지 못하겠노라 그는 성령과 불로 너희에게 세례를 베푸실 것이요

38)요3:30 그는 흥하여야 하겠고 나는 쇠하여야 하리라 하니라

20. 세례요한이 불신하게 되므로 심판하심

39)마11:3, 11-12

3예수께 여짜오되 오실 그이가 당신이오니이까 우리가 다른 이를 기다리오리이까

11내가 진실로 너희에게 말하노니 여자가 낳은 자 중에 세례 요한보다 큰이가 일어남이 없도다 그러나 천국에서는 극히 작은 자라도 그보다 크니라

12세례요한의 때부터 지금까지 천국은 침노를 당하나니 침노하는자는 빼앗느니라

21. 예수님이 세례요한 입장이 되심

40)마4:17 이 때부터 예수께서 비로소 전파하여 이르시되 회개하라 천국이 가까이 왔느니라 하시더라

22. 예수님 자신을 스스로 증거함

41)요6:29 예수께서 대답하여 이르시되 하나님께서 보내신 이를 믿는 것이 하나님의일이니라 하시니

42)요5:39 너희가 성경에서 영생을 얻는 줄 생각하고 성경을 연구하거니와 이 성경이 곧 내게 대하여 증언하는 것이니라

23. 유대인에게 비춰진 예수님→유대민족의 갈 길은 불신의 길로 가게 됨

안식일을 범하는 자

43)마12:8 인자는 안식일의 주인이니라 하시니라

하나님과 같은 자

44)요14:9 예수께서 이르시되 빌립아 내가 이렇게 오래 너희와 함께 있으되 네가 나를 알지 못하느냐 나를 본 자는 아버지를 보았거늘 어찌하여 아버지를 보이라 하느냐

바알세불에 접한 자

45)마12:24 바리새인들은 듣고 이르되 이가 귀신의 왕 바알세불을 힘입지 않고는 귀신을 쫓아내지 못하느니라 하거늘

24. 아버지 외는 메시아를 알 수 없음

46)눅10:22 내 아버지께서 모든 것을 내게 맡겨 주셨습니다. 아버지 밖에는 아들이 누구인지 아는 이가 없습니다.

25. 예수님께 나아오지 않음을 슬퍼하심

47)눅19:41-44

41가까이 오사 성을 보시고 우시며

42이르시되 너도 오늘 평화에 관한 일을 알았더라면 좋을 뻔하였거니와 지금 네 눈에 숨겨졌도다

43날이 이를지라 네 원수들이 토둔을 쌓고 너를 둘러 사면으로 가두고

44또 너와 및 그 가운데 있는 네 자식들을 땅에 메어치며 돌 하나도 돌 위에 남기지 아니하리니 이는 네가 보살핌 받는 날을 알지 못함을 인함이니라 하시니라

48)마23:37-39

37예루살렘아 예루살렘아 선지자들을 죽이고 네게 파송된 자들을 돌로 치는 자여 암탉이 그 새끼를 날개 아래에 모음 같이 내가 네 자녀를 모으려 한 일이 몇 번이더냐 그러나 너희가 원하지 아니하였도다

38보라 너희 집이 황폐하여 버려진 바 되리라

39내가 너희에게 이르노니 이제부터 너희는 찬송하리로다 주의 이름으로 오시는 이여 할 때까지 나를 보지 못하리라 하시니라

26. 창조목적을 이루시려고 노력하셨음

49)마26:36-42

36이에 예수께서 제자들과 함께 겟세마네라 하는 곳에 이르러 제자들에게 이르시되 내가 저기 가서 기도할 동안에 너희는 여기 앉아 있으라 하시고

37베드로와 세베대의 두 아들을 데리고 가실새 고민하고 슬퍼하사

38이에 말씀하시되 내 마음이 매우 고민하여 죽게 되었으니 너희는 여기 머물러 나와 함께 깨어 있으라 하시고

39조금 나아가사 얼굴을 땅에 대시고 엎드려 기도하여 이르시되 내 아버지여 만일 할 만하시거든 이 잔을 내게서 지나가게 하옵소서 그러나 나의 원대로 마시옵고 아버지의 원대로 하옵소서 하시고

40제자들에게 오사 그 자는 것을 보시고 베드로에게 말씀하시되 너희가 나와 함께 한 시간도 이렇게 깨어 있을 수 없더냐

41시험에 들지 않게 깨어 기도하라 마음에는 원이로되 육신이 약하도다 하시고

42다시 두 번째 나아가 기도하여 이르시되 내 아버지여 만일 내가 마시지 않고는 이 잔이 내게서 지나갈 수 없거든 아버지의 원대로 되기를 원하나이다 하시고

50)마27:19~21, 45~46

19총독이 재판석에 앉았을 때에 그의 아내가 사람을 보내어 이르되 저 옳은

사람에게 아무 상관도 하지 마옵소서 오늘 꿈에 내가 그 사람으로 인하여 애를 많이 태웠나이다 하더라

20대제사장들과 장로들이 무리를 권하여 바라바를 달라 하게 하고 예수를 죽이자 하게 하였더니

21총독이 대답하여 이르되 둘 중의 누구를 너희에게 놓아 주기를 원하느냐 이르되 바라바로소이다

45제육시로부터 온 땅에 어둠이 임하여 제구시까지 계속되더니

46제구시쯤에 예수께서 크게 소리 질러 이르시되 엘리 엘리 라마 사박다니 하시니 이는 곧 나의 하나님, 나의 하나님, 어찌하여 나를 버리셨나이까하는 뜻이라

27. 십자가 죽음이 필연적인 것같이 보이는 성구

51)마16:23 예수께서 돌이키시며 베드로에게 이르시되 사탄아 내 뒤로 물러 가라 너는 나를 넘어지게 하는 자로다 네가 하나님의 일을 생각하지 아니하고 도리어 사람의 일을 생각하는도다 하시고

52)요3:14 모세가 광야에서 뱀을 든 것 같이 인자도 들려야 하리니

28. 영적구원섭리의 기대를 다 이루었다고 하신 말씀

53) 요19:30 예수께서 신 포도주를 받으신 후에 이르시되 다 이루었다 하시고 머리를 숙이니 영혼이 떠나가시니라

29. 예언이 양면예언으로 되어있음

고난의 주, 영적구원

54)사53:4-7

4그는 실로 우리의 질고를 지고 우리의 슬픔을 당하였거늘 우리는 생각하기를 그는 징벌을 받아 하나님께 맞으며 고난을 당한다 하였노라

5그가 찔림은 우리의 허물때문이요 그가 상함은 우리의 죄악때문이라 그가 징계를 받으므로 우리는 평화를 누리고 그가 채찍에 맞으므로 우리는 나음을 받았도다

6우리는 다 양 같아서 그릇 행하여 각기 제 길로 갔거늘 여호와께서는 우리 모두의 죄악을 그에게 담당시키셨도다

7그가 곤욕을 당하여 괴로울 때에도 그의 입을 열지 아니하였음이여 마치 도수장으로 끌려가는 어린 양과 털 깎는 자 앞에 잠잠한 양 같이 그의 입을 열지 아니하였도다

영광의 주, 창조목적 완성(영육구원)
55)사9:6-7

6이는 한 아기가 우리에게 났고 한 아들을 우리에게 주신 바 되었는데 그의 어깨에는 정사를 메었고 그의 이름은 기묘자라, 모사라, 전능하신 하나님이라, 영존하시는 아버지라, 평강의 왕이라 할 것임이라

7그 정사와 평강의 더함이 무궁하며 또 다윗의 왕좌와 그의 나라에 군림하여 그 나라를 굳게 세우고 지금 이후로 영원히 정의와 공의로 그것을 보존하실 것이라 만군의 여호와의 열심이 이를 이루시리라

56)사11:1-4

1이새의 줄기에서 한 싹이 나며 그 뿌리에서 한 가지가 나서 결실할 것이요

2그의 위에 여호와의 영 곧 지혜와 총명의 영이요 모략과 재능의 영이요 지식과 여호와를 경외하는 영이 강림하시리니

3그가 여호와를 경외함으로 즐거움을 삼을 것이며 그의 눈에 보이는 대로 심판하지 아니하며 그의 귀에 들리는 대로 판단하지 아니하며

4공의로 가난한 자를 심판하며 정직으로 세상의 겸손한 자를 판단할 것이며 그의 입의 막대기로 세상을 치며 그의 입술의 기운으로 악인을 죽일것이며

57)사60:1-3

1일어나라 빛을 발하라 이는 네 빛이 이르렀고 여호와의 영광이 네 위에 임하였음이니라

2보라 어둠이 땅을 덮을 것이며 캄캄함이 만민을 가리려니와 오직 여호와께서 네 위에 임하실 것이며 그의 영광이 네 위에 나타나리니

3나라들은 네 빛으로, 왕들은 비치는 네 광명으로 나아오리라

58)눅1:31-33

31보라 네가 잉태하여 아들을 낳으리니 그 이름을 예수라 하라

32그가 큰 자가 되고 지극히 높으신 이의 아들이라 일컬어질 것이요 주 하나님께서 그 조상 다윗의 왕위를 그에게 주시리니

33영원히 야곱의 집을 왕으로 다스리실 것이며 그 나라가 무궁하리라

30. 인간책임분담 수행여부에 의해서 하나님의 뜻 성사가 이루어지므로 인간책임분담 수행여부에 나타날 양면의 결과에 대하여 하나님은 예언을 양면으로 하시지 않을 수 없다.

31. 십자가는 예정이 아님. 유다의 자살

59)마27:3-5

3그 때에 예수를 판 유다가 그의 정죄됨을 보고 스스로 뉘우쳐 그 은 삼십을 대제사장들과 장로들에게 도로 갖다 주며

4이르되 내가 무죄한 피를 팔고 죄를 범하였도다 하니 그들이 이르되 그것이 우리에게 무슨 상관이냐 네가 당하라 하거늘

5유다가 은을 성소에 던져 넣고 물러가서 스스로 목매어 죽은지라

32. 사도들의 고백도 영광의 주님을 유대인의 불신으로 성화하셨다고 말씀하셨다

60)행7:51-53

51목이 곧고 마음과 귀에 할례를 받지 못한 사람들아 너희도 너희 조상과 같이 항상 성령을 거스르는도다

52너희 조상들이 선지자들 중의 누구를 박해하지 아니하였느냐 의인이 오시리라 예고한 자들을 그들이 죽였고 이제 너희는 그 의인을 잡아 준 자요 살인한 자가 되나니

53너희는 천사가 전한 율법을 받고도 지키지 아니하였도다 하니라

61)고전2:8 이 지혜는 이 세대의 통치자들이 한 사람도 알지 못하였나니 만일 알았더라면 영광의 주를 십자가에 못 박지 아니하였으리라

33. 속죄와 구원은 하나님의 일방적인 은총이다.

마음을 다스리지 못해도 받을 수 있다. 받는다는 것은 주시는 분이 하나님이기 때문에 타락한 인간은 받기만하면 된다. 세례나 축복은 그냥 받는 것이지 마음을 다스려서 받는 것이 아니다. 사람이 돼서 주는 것이 아니다. 자녀이기 때문에 주는 것이다. 에덴의 아담 해와도 사람이 덜 되었어도 축복을 주시었다. 그래서 언약이라는 것이다. 언약이 성약되게 하는 것은 자신의 노력으로 되는 것이지 하나님이 하는 것이 아니다. 언약은 하나님이 하시지만, 성약은 자신의 책임으로 하는 것이다.

예수님은 보험사 직원이 아니다. 안전하게 어디로 보내주는 분이 아니다. 예수님은 옛 통치시대(사탄)를 벗어나서 새로운 통치시대(하나님)로 인도해 주시는 분이다. 구원 받는 것은 새로운 인간성을 회복하는 것이다. 죄적인 인간(사륵스)에서 신성적 인간(프뉴마)로 이끌어주는 분이다. 그러나 열매의 완성은 자신의 책임분담으로 하는 것이다.

34. 십자가 피 뿌린 옷. 말씀 안에 고통과 눈물과 한이 있으므로 피 뿌린 옷이라고 말씀하신 것이다.

62)계19:13 또 그가 피 뿌린 옷을 입었는데 그 이름은 하나님의 말씀이라

칭하더라

　63)약1:18 그가 그 피조물 중에 우리로 한 첫 열매가 되게 하시려고 자기의
뜻을 따라 진리의 말씀으로 우리를 낳으셨느니라

제9장 기독론

1)마 16:13-19

13예수께서 빌립보가이사랴 지방에 이르러 제자들에게 물어 이르시되 사람들이 인자를 누구라 하느냐

14이르되 더러는 세례요한, 더러는 엘리야, 어떤 이는 예레미야나 선지자 중의 하나라 하나이다

15이르시되 너희는 나를 누구라 하느냐

16시몬베드로가 대답하여 이르되 주는 그리스도시오 살아 계신 하나님의 아들이

시니이다

17예수께서 대답하여 이르시되 바요나시몬아 네가 복이 있도다 이를 네게 알게 한 이는 혈육이 아니요 하늘에 계신 내 아버지시니라

18또 내가 네게 이르노니 너는 베드로라 내가 이 반석위에 내 교회를 세우리니 음부의 권세가 이기지 못하리라

19내가 천국열쇠를 네게 주리니 네가 땅에서 무엇이든지 매면 하늘에서도 매일 것이요 네가 땅에서 무엇이든지 풀면 하늘에서도 풀리리라 하시고

①마16:13~21: 기독론의 질문

예수님에 대한 다양한 이해: 자신의 신앙상태에 따라 고백한다.

예수님이 메시아면 구원이 된다. 주인을 알아볼 때 천국 문 열쇠를 받을

수 있다.

선지자로 보면 조금 다른 입장이 된다.

구원이 없다면 허망하게 된다. 기독론을 어떻게 보느냐에 따라 이단이 결정 된다.

기독론은 은혜로운 내용이 아니다. 기독론 논쟁이 나오면 피바람이 분다.

우상의 개념: 거짓된 것에 가치를 부여하는 것이다. 의미 없는 가치를 부여하는 것.

생명이 없는 것을 생명시해서 가치를 부여하는 것이다.

기독교 관점에서 보면 참부모님은 메시아가 아니다. 선지자로 보면 가능하다.

인간적인 예수님을 보면 가능하다(ex 도망가고 배고파서 밥을 드셨음).

기독교 생성과정: 콘스탄티누스대제가 공인함. 비서장이 기독교인이었다. 예수님을 하나님으로 볼 것인가 인간으로 볼 것인가: 교회를 통일시키려고 했다. 종교의 권력이 정치적 권력이 되었다. 콘스탄티누스대제가 예수님으로 전쟁의 승리자가 되었다. 예수님은 신이 되었다. 십자가 전쟁에서 패배하므로 교권이 떨어졌다.

②기존의 기독교 메시아관과 통일교 메시아관이 틀림으로 기독교는 참부모를 메시아로 받아들이지 않는다.

구원을 주는 주체가 예수님인데, 예수님이 누구인지 알 필요가 있다.

결국 구원해 주는 존재가 신인가, 인간인가? 기독론은 구원론과 밀접한 관계가 있다.

예수님이 모든 것을 다 얘기해주지 못했기 때문에 예수님을 믿는 사람도 의견이 갈라졌다. 기독론 교리가 만들어지는 가운데 인간이었다가 신이 되었다.

(아리우스파에서 아타나시우스파가 승리함)

콘스탄티누스대제는 1국가1종교1교리가 필요했다.

하나의 신, 하나의 왕.

예수님은 하나님 자신인가? 인간인가?

2)딤전2:5 하나님은 한 분이시요 또 하나님과 사람 사이에 중보자도 한 분이시니 곧 사람이신 그리스도 예수라

3)요1:14말씀이 육신이 되어 우리 가운데 거하시매 우리가 그의 영광을 보니 아버지의 독생자의 영광이요 은혜와 진리가 충만하더라

4)고후3:17 주는 영이시니 주의 영이 계신 곳에는 자유가 있느니라

(하나님은 영이고 예수님은 육신으로 오셨다.)

5)요14:28 내가 갔다가 너희에게로 온다 하는 말을 너희가 들었나니 나를 사랑하였더라면 내가 아버지께로 감을 기뻐하였으리라 아버지는 나보다 크심이라 (하나님은 예수님보다 크시다. 독립된 존재) 메시아만 안다.

6)마11:27 내아버지께서 모든것을 내게 주셨으니 아버지외에는 아들을 아는자가 없고 아들과 또 아들의 소원대로 계시를 받는자외에는 아버지를 아는 자가 없느니라

기독교의 메시아관

바람과 바다를 꾸짖으니 잠잠해짐

7)마8:26 예수께서 이르시되 어찌하여 무서워하느냐 믿음이 작은 자들아 하시고 곧 일어나사 바람과 바다를 꾸짖으시니 아주 잔잔하게 되거늘

죽은 자를 살리심

8)요11:4 예수께서 들으시고 이르시되 이 병은 죽을 병이 아니라 하나님의 영광을 위함이요 하나님의 아들이 이로 말미암아 영광을 받게 하려 함이라 하시더라

봉사를 실로암에서 눈뜨게 함

9)요9:11 대답하되 예수라 하는 그 사람이 진흙을 이겨 내 눈에 바르고 나더러 실로암에 가서 씻으라 하기에 가서 씻었더니 보게 되었노라

물위를 걸으시고

10)마14:25-26

25밤 사경에 예수께서 바다 위로 걸어서 제자들에게 오시니

26제자들이 그가 바다 위로 걸어오심을 보고 놀라 유령이라 하며 무서워하여 소리지르거늘

예수님은 창조주 (예수님 선재설)

11)요1:10 그가 세상에 계셨으며 세상은 그로 말미암아 지은 바 되었으되 세상이 그를 알지 못하였고

12)벧전 1:20 그분은 창세전에 미리 알려지셨으나 너희를 위하여 마지막 때에 나타나셨다

아브라함 전에 있었다.

창조하기 전에 뜻이 있었고 뜻에 의해서 완성됐다(참부모님).

인간을 창조하기 전에 구상이 먼저 있었다.

창1:26 다스리게 하자 하시고 계획을 세우셨다.

13)요8:58 예수께서 이르시되 진실로 진실로 너희에게 이르노니 아브라함이 나기 전부터 내가 있느니라 하시니

성령잉태

14)마 1:20 이 일을 생각할 때에 주의 사자가 현몽하여 이르되 다윗의 자손 요셉아 네 아내 마리아 데려오기를 무서워하지 말라 그에게 잉태된 자는 성령으로 된 것이라

성령잉태 의미

15)갈 4:28-29

28형제들아 너희는 이삭과 같이 약속의 자녀라

29그러나 그 때에 육체를 따라 난 자가 성령을 따라 난 자를 박해한 것 같이 이제도 그러하도다

성령을 따라난 자.

(진리에 따라 복귀섭리에 따라난 자 : 이삭-성령잉태)

16)롬 8:23 그뿐 아니라 또한 우리 곧 성령의 처음 익은 열매를 받은 우리까지도 속으로 탄식하여 양자 될 것 곧 우리 몸의 속량을 기다리느니라 (성령의 열매)

통일원리의 메시아관

하나님의 형상대로 인간 창조

17)창9:6 다른 사람의 피를 흘리면 그 사람의 피도 흘릴 것이니 이는 하나님이 자기 형상대로 사람을 지으셨음이니라

그리시도는 하나님의 형상

18)고후4:4 그중에 이 세상의 신이 믿지 아니하는 자들의 마음을 혼미하게 하여 그리스도의 영광의 복음의 광채가 비치지 못하게 함이니 그리스도는 하나님의 형상이니라

하나님이 온전한 것 같이 온전하라

19)마5:48 그러므로 하늘에 계신 너희 아버지의 온전하심과 같이 너희도 온전하라

인간이 인간을 구원 못한다(인간은 죄적인 존재이다 : 헬라사상).

예수님은 하나님이 되어야 한다.

참부모님은 인간인데 어떻게 구원의 주체가 되는가?

인간을 먼저 이해해야 된다.

그때는 인간에 대한 이해가 부족했다.

창조목적도 모르고 이성성상도 몰랐기 때문이다.

20)마11:27 내 아버지께서 모든 것을 내게 맡겨 주셨으니, 아버지 외에는 아무도 아들을 알지 못하며, 아들과 그 아들의 계시를 받는 자 외에는 아무도 아버지를 알지 못합니다.

하나님만 아심: 하나님의 말씀인 성경을 통해서 알아보자.

기독교는 하나님 뜻과 목적을 모르기 때문에 인간에 대한 정확한 이해가 없다.

인간이란 어떤 존재인가 먼저 알아보자. 완성된 인간의 가치 : 창1:26 우리를 이성상으로 만들었다. 골1:15 그는 보이지 않는 하나님의 형상

1 보이지 않는 하나님의 성상 : 맘

예수님: 보이는 하나님 : 형상 : 몸(완성한 인간)

2 창조목적으로 보아서 유일무이한 가치 개성체 (개인의 특별한 성질)

사65:18 창조하므로 기뻐하셨다.

예수님은 고전15:45 아담이 이루지 못한 것을 하시는 분이다.

예수님은 하나님 자신이다 요5:51 예수님 선재설 아브라함 전에 있었다.

벧전1:20 창조 전에 있었다. 풀 수 없어서 기독교는 선재설을 만들었다.

[제1절 창조목적을 완성한 인간의 가치]

1. 하나님과 완성한 인간과의 이성성상적인 관계 : 마음과 몸의 관계 즉 하나님의 성전임 -〉 하나님적인 가치

21)고전3:16 너희는 너희가 하나님의 성전인 것과 하나님의 성령이 너희

안에 계시는 것을 알지 못하느냐

하나님의 형상

22)창1:26 하나님이 이르시되 우리의 형상을 따라 우리의 모양대로 우리가 사람을 만들고 그들로 바다의 물고기와 하늘의 새와 가축과 3)온 땅과 땅에 기는 모든 것을 다스리게 하자 하시고

23)창9:6다른 사람의 피를 흘리면 그 사람의 피도 흘릴 것이니 이는 하나님이 자기 형상대로 사람을 지으셨음이니라

그리스도는 하나님의 형상

24)골1:15그는 보이지 아니하는 하나님의 형상이시요 모든 피조물보다 먼저 나신 이시니

25)고후4:4 그 중에 이 세상의 신이 믿지 아니하는 자들의 마음을 혼미하게 하여 그리스도의 영광의 복음의 광채가 비치지 못하게 함이니 그리스도는 하나님의 형상이니라

하나님이 온전한 것같이 온전하라

26)신18:13 너는 네 하나님 여호와 앞에서 완전하라

27)마5:48그러므로 하늘에 계신 너희 아버지의 온전하심과 같이 너희도 온전하라

2. 인간 창조목적을 보아서 :

하나님에게 기쁨을 돌려드리는 이성성상의 실체로써 유일한 개성체이다. 유일무이한 존재, 천상천하유아독존인 존재이다.

3. 인간과 피조세계와의 관계

피조세계의 주관자이며, 유무형 실체세계의 매개체, 종합한 실체상이다. 따라서 완성한 인간은 천주적인 가치를 가지고 있다.

28)마16:26 사람이 만일 온 천하를 얻고도 제 목숨을 잃으면 무엇이 유익하리요 사람이 무엇을 주고 제 목숨과 바꾸겠느냐

[제2절 창조목적을 완성한 인간과 예수님]

1. 생명나무 복귀로 본 완성한 아담과 예수님
29)창2:9 여호와 하나님이 그 땅에서 보기에 아름답고 먹기에 좋은 나무가 나게 하시니 동산 가운데에는 생명나무와 선악을 알게 하는 나무도 있더라

생명나무(에덴동산) →〉 완성아담 : 창조이상을 완성한 남자
30)계22:14 자기 두루마기를 빠는 자들은 복이 있으니 이는 그들이 생명나무에 나아가며 문들을 통하여 성에 들어갈 권세를 받으려 함이로다

생명나무(에덴동산) →〉 예수님 : 창조이상을 완성한 남자 후아담의 입장
31)고전15:45 기록된 바 첫 사람 아담은 생령이 되었다 함과 같이 마지막 아담은 살려주는 영이 되었나니

2. 창조목적의 완성으로 본 인간과 예수님
완성한 인간 : 하나님과 같은 신성을 가진 유일무이한 존재이며 천주적인 가치의 존재.

예수님은 창조이상을 완성한 남자이므로 창조목적을 완성한 인간으로 오신 분임.

입증하는 성서적 근거

하나님도 한분 중보자도 한분 사람이신 그리스도 예수

32)딤전2:5 하나님은 한 분이시요 또 하나님과 사람 사이에 중보자도 한 분이시니 곧 사람이신 그리스도 예수라

한사람의 순종하심으로

33)롬5:19한 사람이 순종하지 아니함으로 많은 사람이 죄인 된 것 같이 한 사람이 순종하심으로 많은 사람이 의인이 되리라

죽은 자의 부활도 사람으로

34)고전15:21 사망이 한사람으로 말미암았으니 죽은자의 부활도 한사람으로 말미암는도다

이는 정하신 사람으로 하여금, 완성한 인간과 예수님은 일체이다

35)행17:31 이는 정하신 사람으로 하여금 천하를 공의로 심판할 날을 작정하시고 이에 그를 죽은 자 가운데서 다시 살리신 것으로 모든 사람에게 믿을 만한 증거를 주셨음이니라 하니라

하나님의 뜻으로 말미암아 완성된다(미완성→완성) 책임분담을 다할 때 계명이 있다

하나님의 형상을 완성한 것이 메시아다

참다운 인간이 뭐냐를 알아야 예수님이 참다운 인간이 됨→창조목적 완성.

참부모님을 설명하는 기대가 만들어진다. 기독론이 나오면 싸우게 된다.

이성성상의 하나님을 즉 부모 되신 하나님

하나님의 개념을 현실적으로 내려서 참부모님과 연결해야 한다.

하나님의 말씀과 일체된 자는 신이다

출7:1 여호와께서 모세에게 말씀하셨다. "보아라, 내가 너를 바로에게 신이 되게 하였으니, 네 형 아론이 네 대언자가 될 것이다.

요10:35 하나님의 말씀이 임한 자들을 하나님께서 신들이라고 부르셨으며, 성경은 폐하여질 수 없으니

하나님의 말씀을 받은 자는 신이다. 신성을 인성으로 강조해야 한다.

말씀이 육신 되었다→ 구상이 실체화되었다.

인간이 메시아가 될 수 있다(슈퍼맨이 아니라 참인간이 필요하다).

3. 예수님은 하나님 자신이신가

나를 본 자가 하나님을 보았음.

36)요14:9예수께서 이르시되 빌립아 내가 이렇게 오래 너희와 함께 있으되 네가 나를 알지 못하느냐 나를 본 자는 아버지를 보았거늘 어찌하여 아버지를 보이라 하느냐

그가 세상에 계셨고 그로 말미암아 지은바.

37)요1:10 그가 세상에 계셨으며 세상은 그로 말미암아 지은 바 되었으되 세상이 그를 알지 못하였고

말씀육신

38)요1:14 말씀이 육신이 되어 우리 가운데 거하시매 우리가 그의 영광을 보니 아버지의 독생자의 영광이요 은혜와 진리가 충만하더라

아브라함이 나기전부터

39)요8:58 예수께서 이르시되 진실로 진실로 너희에게 이르노니 아브라함이 나기 전부터 내가 있느니라 하시니

만물을 발아래 두심

40)엡1:22 또 만물을 그의 발 아래에 복종하게 하시고 그를 만물 위에 교회

의 머리로 삼으셨느니라

41)고전15:27 만물을 그의 발 아래에 두셨다 하셨으니 만물을 아래에 둔다 말씀하실 때에 만물을 그의 아래에 두신 이가 그 중에 들지 아니한 것이 분명하도다

42)히2:8 만물을 그 발 아래에 복종하게 하셨느니라 하였으니 만물로 그에게 복종하게 하셨은즉 복종하지 않은 것이 하나도 없어야 하겠으나 지금 우리가 만물이 아직 그에게 복종하고 있는 것을 보지 못하고

말씀을 책임분담하고 창조성을 완성하면 창조주의 입장에 서게 된다.

만물100%+인간 미완성→만물완성+인간완성이면 모든 것이 완성된다.

(원리적 설명방법) 만물 위에 있다.

과거의 만물을 다스리다의 설명하는 방법이다.

예수님은 하나님이 아니시다. 예수님은 하나님께 기도하셨다.

43)마26:36 이에 예수께서 제자들과 함께 겟세마네라 하는 곳에 이르러 제자들에게 이르시되 내가 저기 가서 기도할 동안에 너희는 여기 앉아 있으라 하시고

44)롬8:34 누가 정죄하리요 죽으실 뿐 아니라 다시 살아나신 이는 그리스도 예수시니 그는 하나님 우편에 계신 자요 우리를 위하여 간구하시는 자시니라

하나님을 아버지라 부름

45)마27:46 제구시쯤에 예수께서 크게 소리 질러 이르시되 엘리 엘리 라마 사박다니 하시니이는 곧 나의 하나님, 나의 하나님, 어찌하여 나를 버리셨나이까 하는 뜻이라

46)요17:1 예수께서 이 말씀을 하시고 눈을 들어 하늘을 우러러 이르시되 아버지여 때가 이르렀사오니 아들을 영화롭게 하사 아들로 아버지를 영화롭게 하게 하옵소서

사탄에 시험 받으심

47)마4:1 그 때에 예수께서 성령에게 이끌리어 마귀에게 시험을 받으러 광야로 가사

어찌하여 나를 버리셨나이까?

48)마27:46 제구시쯤에 예수께서 크게 소리 질러 이르시되 엘리 엘리 라마 사박다니 하시니이는 곧 나의 하나님, 나의 하나님, 어찌하여 나를 버리셨나이까 하는 뜻이라

33년간 하나님이 지상에만 계셨나? 예수님이 하나님 자신은 아님

[제3절 타락인간과 예수님]

1. 타락인간
① 부분적으로 앎 ② 천사를 우러러봄 ③ 원죄 있으므로 사탄이 침범함
2. 예수님
①하나님의 뜻과 심정일체, 체휼생활

49)요14:20 그 날에는 내가 아버지 안에, 너희가 내 안에, 내가 너희 안에 있는 것을 너희가 알리라

심판을 아들에게 맡김

50)요5:22 아버지께서 아무도 심판하지 아니하시고 심판을 다 아들에게 맡기셨으니

아버지외는 아들을 아는자가 없고 아들외에는 아버지를 아는자가 없다

51)마11:27 내 아버지께서 모든 것을 내게 주셨으니 아버지 외에는 아들을 아는 자가 없고 아들과 또 아들의 소원대로 계시를 받는자 외에는 아버지를 아는 자가 없느니라

②원죄없음 ③천사를 비롯한 모든 피조세계를 주관하심

타락인간은 예수를 통해서 중생하며 원죄벗고 선의 자녀가 되어 예수처럼 창조목적을 완성한 인간으로 복귀되는 것임.

그리스도는 교회의 머리, 우리는 그의 몸이 되며 지체가 됨
52)엡1:22또 만물을 그의 발 아래에 복종하게 하시고 그를 만물 위에 교회의 머리로 삼으셨느니라

예수님은 본성전 우리는 분성적
53)고전12:26 만일 한 지체가 고통을 받으면 모든 지체가 함께 고통을 받고 한 지체가 영광을 얻으면 모든 지체가 함께 즐거워하느니라
예수님은 포도나무요 우리는 가지
54)요ㅣ5:5 나는 포도나무요 너희는 가지라 그가 내 안에, 내가 그 안에 거하면 사람이 열매를 많이 맺나니 나를 떠나서는 너희가 아무 것도 할 수 없음이라
돌감람나무인 우리는 참감람나무되시는 예수님에게 접붙임
55)롬11:17 또한 가지 얼마가 꺾이었는데 돌감람나무인 네가 그들 중에 접붙임이 되어 참감람나무 뿌리의 진액을 함께 받는 자가 되었은즉

예수님은 우리친구
56)요15:14 너희는 내가 명하는 대로 행하면 곧 나의 친구라

그(예수님)가 나타나시면 우리도 그와 같은 줄 안다.
57)요일3:2 사랑하는 자들아 우리가 지금은 하나님의 자녀라 장래에 어떻게 될지는 아직 나타나지 아니하였으나 그가 나타나시면 우리가 그와 같을 줄을 아는 것은 그의 참모습 그대로 볼 것이기 때문이니

예수님은 처음 익은 열매요 우리는 다음 익을 열매임

58)고전15:20 그러나 이제 그리스도께서 죽은 자 가운데서 다시 살아나사 잠자는 자들의 첫 열매가 되셨도다

21세기는 위대한(완전한) 신이 필요한 것이 아니라 참인간이 필요하다.

[제4절 중생론과 삼위일체론]

중생의 의미: 두 번 태어난다. 잘못 태어났기 때문이다.

다시 태어나려면 부모가 있어야 한다.

죄가 없는 부모이어야 한다. 죄가 없는 부모는 하늘이 보내주셔야만 한다.

Ⅰ 중생론

하나님의 자녀인 인간이 타락해서 사탄의 자녀가 되었기 때문에 다시 하나님의 자녀로 출발해야 함. 그래서 오신 예수님도 '모든 사람을 반드시 중생해야 한다' 고 말씀하셨다.

1. 중생사명으로 본 예수님과 성신

거듭나지 않으면 하나님의 나라를 볼 수 없다.

59)요3:1~3 그런데 바리새인 중에 니고데모라 하는 사람이 있으니 유대인의 지도자라 그가 밤에 예수께 와서 이르되 랍비여 우리가 당신은 하나님께로부터 오신 선생인 줄 아나이다 하나님이 함께 하시지 아니하시면 당신이 행하시는 이 표적을 아무도 할 수 없음이니이다 예수께서 대답하여 이르시되 진실로 진실로 네게 이르노니사람이 거듭나지 아니하면 하나님의 나라를 볼 수 없느니라

예수님은 니고데모에게 하신 말씀대로 타락한 인간들은 원죄가 없는 자녀로써 다시 태어나야 한다. 부모가 있어야 한다.

우리도 거듭나게 하시는 산 소망이 있게 하신다 -〉 참부모가 필요하다

60)벧전1:3 우리 주 예수 그리스도의 아버지 하나님을 찬송하리로다 그의 많으신 긍휼대로 예수 그리스도를 죽은 자 가운데서 부활하게 하심으로 말미암아 우리를 거듭나게 하사 산 소망이 있게 하시며

예수님은 아담이 못 이루셨던 참아버지로 오셨다

후아담으로 오셨음

61)고전15:45 기록된 바 첫 사람 아담은 생령이 되었다 함과 같이 마지막 아담은 살려 주는 영이 되었나니

영존하는 아버지

62)사9:6 이는 한 아기가 우리에게 났고 한 아들을 우리에게 주신 바 되었는데 그의 어깨에는 정사를 메었고 그의 이름은 기묘자라, 모사라, 전능하신 하나님이라, 영존하시는 아버지라, 평강의 왕이라 할 것임이라

63)말4:6 그가 아버지의 마음을 자녀에게로 돌이키게 하고 자녀들의 마음을 그들의 아버지에게로 돌이키게 하리라 돌이키지 아니하면 두렵건대 내가 와서 저주로 그 땅을 칠까 하노라 하시니라

아버지의 영광으로 오심

64)마16:27 인자가 아버지의 영광으로 그 천사들과 함께 오리니 그 때에 각 사람이 행한대로 갚으리라

예수님은 남성으로 하늘(양) 성신은 여성으로서 땅(음)에서 역사하심

성신(여성신)

성령으로 거듭남

65)요3:5 예수께서 대답하시되 진실로 진실로 네게 이르노니 사람이 물과

성령으로 나지 아니하면 하나님의 나라에 들어갈 수 없느니라

위로와 감동의 역사 : 해와가 지은 죄를 탕감복귀 하시기 위하여 죄를 씻는 역사를 하셨다.

66)고전12:3 그러므로 내가 너희에게 알리노니 하나님의 영으로 말하는 자는 누구든지 예수를 저주할 자라 하지 아니하고 또 성령으로 아니하고는 누구든지 예수를 주시라 할 수 없느니라

성령역사 : 해와가 지은 죄를 탕감복귀하기 위하여 죄를 씻는 역사(보혜사. 모성신)

67)요일3:24 그의 계명을 지키는 자는 주 안에 거하고 주는 그의 안에 거하시나니 우리에게 주신 성령으로 말미암아 그가 우리 안에 거하시는 줄을 우리가 아느니라(주님을 그리스도 주라고 알게 하신다)

68)행19:6 바울이 그들에게 안수하매 성령이 그들에게 임하시므로 방언도 하고 예언도 하니(방언 예언하게 했다)

69)롬8:16 성령이 친히 우리의 영과 더불어 우리가 하나님의 자녀인 것을 증언하시나니(하나님의 자녀로 세워줬다)

70)롬8:26-27

26이와 같이 성령도 우리의 연약함을 도우시나니 우리는 마땅히 기도할 바를 알 지 못하나 오직 성령이 말할 수 없는 탄식으로 우리를 위하여 친히 간구하시느니라

27마음을 살피시는 이가 성령의 생각을 아시나니 이는 성령이 하나님의 뜻대로 성도를 위하여 간구하심이니라 (우리를 도우시고 간구하심)

71)히2:4 하나님도 표적들과 기사들과 여러가지 능력과 및 자기의 뜻을 따라 성령이 나누어 주신 것으로써 그들과 함께 증언하셨느니라 (표적과 기사를 일으킴)

72)고전12:8-11

8어떤 사람에게는 성령으로 말미암아 지혜의 말씀을, 어떤 사람에게는 같은 성령을 따라 지식의 말씀을,

9다른 사람에게는 같은 성령으로 믿음을, 어떤 사람에게는 한 성령으로 병 고치는 은사를

10어떤 사람에게는 능력 행함을, 어떤 사람에게는 예언함을, 어떤 사람에게는 영들 분별함을, 다른 사람에게는 각종 방언 말함을, 어떤 사람에게는 방언들 통역함을 주시나니

11이 모든 일은 같은 한 성령이 행하사 그의 뜻대로 각 사람에게 나누어 주시는 것이니라**(한 성령이 예언, 방언, 믿음, 병고치는 역사)**

성령의 열매 : 희락, 화평, 오래 참음, 자비, 충성, 온유, 절제

73)갈5:22-23

22오직 성령의 열매는 사랑과 희락과 화평과 오래 참음과 자비와 양선과 충성과

23온유와 절제니 이같은 것을 금지할 법이 없느니라

(참고)

보혜사 : 보살피며 은혜를 베푸시는 분(중보자, 조력자, 돌보는 자, 격려자, 변호사)

74)요14:26 보혜사 곧 아버지께서 내 이름으로 보내실 성령 그가 너희에게 모든 것을 가르치고 내가 너희에게 말한 모든 것을 생각나게 하리라

(보혜사는 성령임)

75)요14:16 내가 아버지께 구하겠으니 그가 또 다른 보혜사를 너희에게 주사 영원토록 너희와 함께 있게 하리니**(또다른 보혜사를 보내주심)**

76)요16:7그러나 내가 너희에게 실상을 말하노니 내가 떠나가는 것이 너희에게 유익이라 내가 떠나가지 아니하면 보혜사가 너희에게로 오시지 아니할

것이요 가면 내가 그를 너희에게로 보내리니 (보혜사를 보내주심)

77)요20:22 이 말씀을 하시고 그들을 향하사 숨을 내쉬며 이르시되 성령을 받으라(성령을 받으라)

78)행2:33 하나님이 오른손으로 예수를 높이시매 그가 약속하신 성령을 아버지께 받아서 너희가 보고 듣는 이것을 부어 주셨느니라 (약속하신 성령을 부어주심)

79)행4:8 이에 베드로가 성령이 충만하여 이르되 백성의 관리들과 장로들아 (베드로성령 충만)

80)엡4:4 몸이 하나요 성령도 한 분이시니 이와 같이 너희가 부르심의 한 소망 안에서 부르심을 받았느니라(성령은 한 분)

81)고전12:11 이 모든 일은 같은 한 성령이 행하사 그의 뜻대로 각 사람에게 나누어 주시는 것이니라(성령은 한 분)

의미 : 그리스도와는 다른 실체이나 본질적으로는 동일한 종류의 보혜사를 약속하신 것이다.

82)요14:16내가 아버지께 구하겠으니 그가 또 다른 보혜사를 너희에게 주사 영원토록 너희와 함께 있게 하리니

83)요일2:1나의 자녀들아 내가 이것을 너희에게 씀은 너희로 죄를 범하지 않게 하려 함이라 만일 누가 죄를 범하여도 아버지 앞에서 우리에게 대언자가 있으니 곧 의로우신 예수 그리스도시라

보혜사 성령은 지상에서 교회시대에 활동하는 성령의 기능을 강조하는 용어이다.

제3위의 하나님으로서 구원자이신 예수그리스도의 구속 사역을 계속하시는 대리자이다.

2. 로고스의 이성성상으로 본 예수님과 성신

로고스의 주체이신 하나님이 이성성상으로 계시므로 그의 대상인 로고스

도 이성성상으로 있다.

로고스의 이성성상이 하나님의 형상적인 실체대상으로 분립된 것이 아담과 해와이다.

생명나무는 창조이상을 완성한 남자이다. 선악을 알게 하는 나무는 창조이상을 완성할 여자이다. 해와가 지은 죄를 탕감복귀하기 위하여 예수님 시대에는 성신으로 오셔서 죄를 씻는 역사를 하셨다. 십자가에 돌아가신 예수님께서는 성신역사로써 영적으로 중생의 사명을 이루셨지만 영육간의 중생은 남겨지셨다. 재림시대에는 어린 양(참아버지)의 실체성신인 참어머니로서 후해와로 오셔서 영육간의 중생의 사명을 이루신다. 그러므로 재림주님은 참부모로 오신다.

84)요8:44 너희는 너희 아비 마귀에게서 났으니 너희 아비의 욕심대로 너희도 행하고자 하느니라 그는 처음부터 살인한 자요 진리가 그 속에 없으므로 진리에 서지 못하고 거짓을 말할 때마다 제 것으로 말하나니 이는 그가 거짓말쟁이요 거짓의 아비가 되었음이라

85)마12:34 독사의 자식들아 너희는 악하니 어떻게 선한 말을 할 수 있느냐 이는 마음에 가득한 것을 입으로 말함이라

86)고전12:3 그러므로 내가 너희에게 알리노니 하나님의 영 으로 말하는 자는 누구든지 예수를 저주할 자라 하지아니하고 또 성령으로 아니하고는 누구든지 예수를 주시라 할 수 없느니라

87)롬8:15-16

15너희는 다시 무서워하는 종의 영을 받지 아니하고 양자의 영을 받았으므로 우리가 아빠 아버지라고 부르짖느니라

16성령이 친히 우리의 영과 더불어 우리가 하나님의 자녀인 것을 증언하시나니

88)계17;14 그들이 어린양과 더불어 싸우려니와 어린양은 만주의 주시요 만왕의왕이시므로 그들을 이기실 터이요 또 그와 함께 있는 자들 곧 부르심을

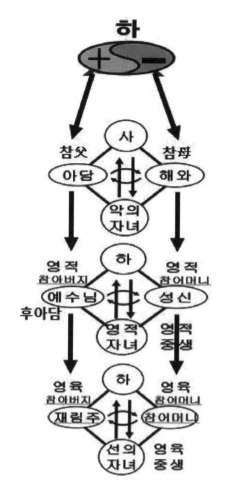

받고 택하심을 받은 진실한 자들도 이기리로다 (승공활동)

89)계18:23 등불 빛이 결코 다시 네 안에서 비치지 아니하고 신랑과 신부의 음성이 결코 다시 네 안에서 들리지 아니하리로다 너의 상인들은 땅의 왕족들이라 네 복술로 말미암아 만국이 미혹되었도다 (음행과 거짓사랑을 절대성으로 승리했다)

90)계22:14 자기 두루마기를 빠는 자들은 복이 있으니 이는 그들이 생명나무에 나아가며 문들을 통하여 성에 들어갈 권세를 받으려 함이로다

91)계19:7 - 9

7우리가 즐거워하고 크게 기뻐하며 그에게 영광을 돌리세 어린 양의 혼인 기약이 이르렀고 그의 아내가 자신을 준비하였으므로

8그에게 빛나고 깨끗한 세마포 옷을 입도록 허락하셨으니 이 세마포 옷은 성도들의 옳은 행실이로다 하더라

9천사가 내게 말하기를 기록하라 어린 양의 혼인 잔치에 청함을 받은 자들은 복이 있도다 하고 또 내게 말하되 이것은 하나님의 참되신 말씀이라 하기로

92)계21:9 일곱 대접을 가지고 마지막 일곱 재앙을 담은 일곱 천사 중 하나가 나아와서 내게 말하여 이르되 이리 오라 내가 신부 곧 어린 양의 아내를 네게 보이리라 하고

하나님의 결혼

93)호2:19 내가 네게 장가 들어 영원히 살되 공의와 정의와 은총과 긍휼히
여김으로 네게 장가 들며

한 여인 찾지 못함 => 계시록때 이룸

94)전7:28 내 마음이 계속 찾아 보았으나 아직도 찾지못한 것이 이것이라
천 사람 가운데서 한 사람을 내가 찾았으나 이 모든 사람들 중에서 여자는 한
사람도 찾지 못 하였느니라

성령과 신부-후해와

95)계22:17 성령과 신부가 말씀하시기를 오라 하시는도다 듣는 자도 오라
할 것이요 목마른 자도 올 것이요 또 원하는 자는 값없이 생명수를 받으라 하
시더라

‖ 삼위일체

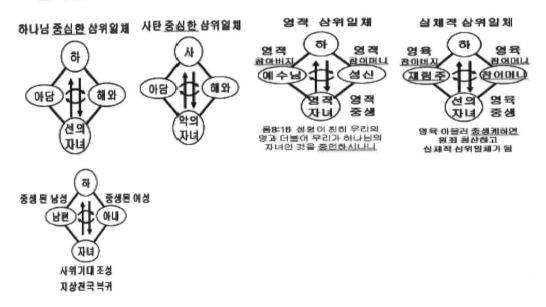

96)롬8:15 너희는 다시 무서워하는 종의 영을 받지 아니하고 양자의 영을

받았으므로 우리가 아빠 아버지라고 부르짖느니라

[결론]

3C 페르시아는 조로아스터교를 믿었다. 조로아스터교는 3신의 사상이 있었다(하늘을 다스리는 신, 땅을 다시리는 신, 인간을 다스리는 신).

4C 로마의 미트라 신앙=신과 처녀에서 태어났다.

325년 니케아종교회의에서 존재론적으로는 하나, 인격으로는 삼위, 삼위일체는 사랑으로 하나 되는 것이다.

일체라는 말은 사랑으로 하나라는 말이다. 하나님(아버지)과 아담(아들)과 해와(딸)가 사랑으로 하나 되는 것이다. 이와 같이 하나님과 예수님과 성령이 사랑으로 하나 되는 것이다. 사랑으로 보면 셋이 하나이다. 우리는 다 삼위일체 안에 존재하는 것이다. 하나님의 모양에 따라 창조하셨기 때문에 우리도 삼위일체 사랑을 가지고 있다.

내 안에 하나님의 사랑과 심정이 있으면 삼위일체의 사랑을 체휼하게 된다. 하나님을 중심하고 남편과 아내가 사랑으로 일체되면 삼대상 사랑의 목적을 이루어 조화를 이루면서 살아가는 것이다. 그러면 남편이 아내를 어머니, 아내, 딸임을 느끼며 살게 된다. 또 아내는 남편을 아버지, 남편 아들임을 느끼며 살게 된다.

히나님은 무소부재하고 무형이므로 위가 없다. 아담 해와가 사랑으로 일체가 되어서 하나님을 모시고 사랑으로 하나 된 자리가 하나님의 모습이 현현한 자리가 되어, 하나님의 실체의 위가 생기는 것이다.

97)계21:9-14

9일곱 대접을 가지고 마지막 일곱 재앙을 담은 일곱 천사 중 하나가 나아와서 내게 말하여 이르되 이리 오라 내가 신부 곧 어린 양의 아내를 네게 보이리라 하고

10성령으로 나를 데리고 크고 높은 산으로 올라가 하나님께로부터 하늘에서 내려오는 거룩한 성 예루살렘을 보이니

11하나님의 영광이 있어 그 성의 빛이 지극히 귀한 보석 같고 벽옥과 수정 같이 맑더라

12크고 높은 성곽이 있고 열두 문이 있는데 문에 열두 천사가 있고 그 문들 위에 이름을 썼으니 이스라엘 자손 열두 지파의 이름들이라

13동쪽에 세 문, 북쪽에 세 문, 남쪽에 세 문, 서쪽에 세 문이니

14그 성의 성곽에는 열두 기초석이 있고 그 위에는 어린 양의 열두 사도의 열두 이름이 있더라

96)계21:21-22

21그 열두 문은 열두 진주니 각 문마다 한 개의 진주로 되어 있고 성의 길은 맑은 유리 같은 정금이더라

22성 안에서 내가 성전을 보지 못하였으니 이는 주 하나님 곧 전능하신 이와 및 어린 양이 그 성전이심이라

제10장　복귀섭리론

요6:28-29

28그들이 묻되 우리가 어떻게 하여야 하나님의 일을 하오리이까

29예수께서 대답하여 이르시되 하나님께서 보내신 이를 믿는 것이 하나님의 일이니라 하시니

(하나님께서 보내신 이를 믿는 것이 하나님의 일이다)

하나님이 일하심을 온전히 알려면 과거를 온전히 알아야 현재를 제대로 이해하고 미래를 볼 수 있다. 과거를 모르는 사람에게는 미래는 없다. 어디서 왔는지를 모르면 어디로 가야 할지를 모른다.

중요인물을 믿는 것이다

역사 가운데 하나님께서 어떤 일을 하셨는가?

역사란:지나간 의미 있는 사건(H 카아) 과거와의 대화 현재진단, 미래가 보인다(토인비: 순환사관→이유: 탕감복귀원리에 의해서 생겼다).

역사를 하나님편에서 보면 잃어버린 자식들을 찾는 길이고 자식의 편에서보면 아버지를 찾아선 길이다.

1 사건은 이야기가 아니다.

조건: 인물, 때(시기),장소가 있다:어떤 의미가 있는가 배후에는 하나님의 뜻이 있다.

하나님의 뜻적으로 본 역사: 이루고자 하는 목적이 있다면 시간이 지나면서 하나님의 뜻이 드러나야 한다.

2 하나님의 역사란? 하나님의 뜻이 드러나는 과정이다. 하나님이 뜻을 이루기 위해 적극적으로 개입하셨다. 6000년간 하나님의 뜻이 지나갔으면 우리 인간은 이제 충분히 알아야 한다. 모르는 것은 무지했기 때문이다.

3 하나님의 영향력: 세계에 어느 정도의 영향력을 일으켰는가. 역사가 발전했다(기독교의 영향으로 인권, 자유, 평등)

4 하고자 하는 마음: 심정+사연(사정) 전지전능한 하나님이 왜 6000년 걸렸는가?

하나님의 사정이 있었다(기독교 하나님: 심판, 구원 하나님 마음대로 할 수 있다)

통일교 하나님:슬픔, 사연, 사정이 있다. 인간 개인만 사정이 있는 것이 아니고 하나님도 사정이 있다. 복귀 원리(섭리)

아담과 해와:선 기쁨으로 시작

회복(행1:6) 너희는 알바 아니다. 하나님의 사정을 얘기하지 않았다(심령이 어렸기 때문이다) 철없는 자식에게 모든 것을 다 얘기하지 못한다.

회복:저절로 낫는 것 복귀:프로그램이 있다: 하나님섭리, 사정(원칙) 구원:하나님이 모든 것을 다 해주는 것, 인간의 노력과 관계없다.

아담가정 아담:보통사람→누구나 완성하면 예수님처럼 될 수 있다.

하와: 모든 자의 어머니(첫사람) 가인:소유하다 아벨:허무하다 (일찍 죽음)

창3:6 하나님은 타락의 결과를 안다. 하와는 타락의 결과를 잘 모른다.

아담과 해와 잘못한 것: 창2:17 명령에 순종하지 않았다.

1 아담과 해와는 명령지키지 않다, 하나님과 아담과의 관계(종적인 관계) 무너졌다→믿음을 잃어버렸다

2 실체타락→실체적으로 타락했다.(횡적관계) 무너졌다

천사와 인간과의 관계

창조에도 법이 있듯이 구원에도 법이 있다. 법을 모르니 믿음을 강조할 수밖에 없다.

성장기간은 소생 장성 완성만이 아니고 3대축복을 완성하는 것이다. 4위기대 이뤄가는 것이다. 역사의 소원이 있다. 역사의 한이 있다.

하나님의 역사를 알고 앞으로 오실 하나님의 나라를 소망합시다.

아브라함의 하나님, 이삭의 하나님, 야곱의 하나님이 오늘날 우리의 삶도 하나님이 계속 이어져가는 역사이길 바랍니다.

타락: 하나님과 같이 눈이 밝아지려고 때아닌 때에 때의 것을 바라는 과분한 사랑의 욕망이 동기가 되었다. (성장과정을 거치지 않고 사랑의 완성자가 되려고 하였다.) 그러므로 믿음, 실체, 사랑을 잃어버렸다.

타락?
1. 선악과를 따먹은 것
2. 가인이 아벨을 죽인 것

타락→깨어진 유리컵은 위험한 유리조각일 뿐. 유리컵이 아닙니다. 떨어져서 깨어져서 하나님의 형상이 없다. 깨어진 유리조각에 물을 담을 수 없듯이 진리를 담는 본성의 그릇이 깨어진 것입니다. 성전이 무너진 것입니다. 그래서 진리에 관심 없고 하나님에 관심 없고 마음에 관심 없고 몸에만 적극적이다.

하나님과 같이 눈이 밝아지려고 때아닌 때에 때의 것을 바라는 과분한 사랑의 욕망이 동기가 되었다.

과분한 사랑의 욕망: 진리보다 사랑, 만물에 관심

성장해서 부부의 사랑, 부모가 되어야 한다.

성장과정을 거치지 않고 사랑의 완성자가 되려고 한다.

그러므로 믿음, 실체, 사랑, 가정을 잃어버렸다.(아담이 잃어버린 것)

하나님의 사랑(생소)을 받아서 마음이 몸을 주관할 수 없어서 몸 마음 하나 될 수 없는 것이 타락이다.

생심이 육심을 주관해야하는데 타락은 육심이 생심을 주관한 것이다.

타락: 마음이 몸을 잃어버려서 몸의 노예가 되었다.

복귀: 마음(영적구원)→몸(육적구원)→영인체완성(육신으로부터 생력요소를 받아야 한다)

타락의 동기: 천사장은 아담 해와가 몸을 가지고 성장하는 것을 부러워했다.

선은 알면서도 안 한다. 악은 알면서도 한다. 창조를 모르고(창조이상세계의 설계도) 타락을 모르니 구원을 모른다. 그러기 때문에 믿음만 강조한다.

깨어지기는 쉬워도 맞추기는 어렵다. 그래서 재창조가 어려운 것이다.

탈선하면 하나님의 음성이 안 들린다. 사랑의 자리가 깨끗하지 않으면 영적오관이 막힌다. 타락 이후 하나님이 아담을 상대하지 않았다.

타락했다는 것을 배운 것이 고마운 것이다. 자신의 정체→환자가 병을 진단받은 것은 고마운 것이다. 떨어진 곳을 알았으니 돌아갈 곳도 아는 것이다.

타락한 사람들은 하나님의 사랑을 안 받았다고 한다. 성장해야 하나님의 사랑을 안다. 심령이 어린 자는 하나님의 사랑을 모른다(율법).

복음을 통해서 하나님의 사랑을 알게 된다.

영혼의 자유함: 생심과 양심대로 살면 자유한다. 에덴으로 빨리 돌아갑시다.

최고의 학문은 자기를 아는 것인데 나를 알게 해주셨으니 감사한 일이다.

음란: 아버지 없이 좋아하면 음란이다. 종적인 마음 없이 횡적인 관계를 맺어서 정든 것이다(하나님의 사랑 없이 인간사랑 만물사랑이 음란이다).

두 주인을 가진 것은 두 마음을 가진 것이다. (하나님만 상대해야 한다)

몸 마음 싸움의 뿌리는 두 주인을 가진 데 있다. 곧 간음이다. 몸 마음의 싸움은 간음에서 온 것이다. 뿌리가 음란이다. 주인이 하나인 사람은 타락성이 없다. 인간타락은 창조원리와 연계해서 이해해야 한다. 창조원리에서 인간책임분담은 인간완성이다. 인간완성은 영인체의 완성으로서 하나님이 간섭할 수 없다. 인간이 자기 자신을 창조해서 창조주의 입장에 세워서 만물의 주관주로 세워야 한다. 대상이 감당 못해서 율법 주고 믿음 주고 사랑 주고 심정 주는 것이다.

중간 위치란? 존재 위치가 결정 안 된 사람이다. 두 주인을 섬기는 사람은 율법인 법을 주어서 소속을 결정하는 것이다. 위치가 결정 안 된 사람은 법으로 다스려야 한다. 인간을 한 주인만 대하는 존재로 세우고 싶은 마음은 하나님에게도 있고 사탄에게도 있다.

1. 하나님의 입장을 취하지 못했다. (①아담을 하나님과 같이 사랑하지 않고 ②시기 질투했다. - 해와의 사랑을 유린했다.)

①아담을 하나님과 같이 사랑하지 않고: "자기가 뭔데, 섭섭하네", 하나님이 사랑하는 자를 사랑해야 한다.

②시기 질투: 타락성의 뿌리

2. 자기 위치를 떠나는 타락성 (아담을 통해서 사랑을 받아야 했다. (아담을 중보로 세워야 했다.)

무시했다: 타락성의 줄기

3. 주관성 전도 아담에게 주관 받아야 했다. 그런데 혈기를 부렸다. - 순종 굴복

　혈기: 타락성의 줄기와 잎, "어디 두고 보자"

4. 책임전가 - 죄번식(타락성의 열매)

　타락의 동기 아담 해와가 몸을 가지고 성장해 가는 것을 부러워했다.

　하나님이 아담 해와를 더 사랑하는 것을 보고 사랑의 감소감을 느꼈다.

　타락하지 않기 위해서는 아담 해와가 책임분담을 다해서 창조성을 갖고 천사장의 섭섭함을 아담 해와가 채워져야 했다. 즉, 천사장을 축복 해줘야 했다.

　하나님이 아담 해와를 축복하듯이 아담 해와가 천사장을 축복해져야 했다.

　타락 이후 천사장은 자리를 내어놓지 않으려고 하나님께 대적한다.

　타락은 마음이 몸을 잃어버려서 몸의 노예가 되었다.

　○복귀섭리 : 타락된 인간으로 하여금 창조목적을 완성케 하기 위하여 그들을 창조본연의 인간으로 복귀하여 나아가는 하나님의 섭리를 말한다. (용서의 섭리)

　복귀섭리는 아벨을 복귀하는 것이 먼저다. 아벨 노아 아브라함 야곱 요셉 복귀한다. 성막→성전→예수님의 몸(요2:21)→성도의 몸(고전3:16)→성도의 연합(엡2:20)→가정(계21:22, 21:9~10)

　만물→몸→마음→심정

　○복귀원리 : 복귀섭리는 창조목적을 다시 찾아 이루려는 재창조의 섭리이기 때문에 원리에 의하여 섭리하시지 않을 수 없다. 이것을 복귀원리라고 한다.

　공식에 의해서 복귀되기 때문에 원리라고 한다.

　○탕감 : 무엇이든지 본연의 위치와 상태 등을 상실하게 되었을 때 그것들을 복귀하려면 거기에 필요한 어떠한 조건을 세워야 한다. 이러한 조건을 세우는 것을 탕감이라고 한다.

○탕감복귀 : 타락인간이 탕감조건을 세워서 창조본연의 위치와 상태로 다시 돌아가는 것을 탕감복귀라고 한다.

마5:26 진실로 네게 이르노니 네가 한 푼이라도 남김없이 다 갚기 전에는 결코 거기서 나오지 못하리라 (호리라도 남김없이 다 갚기 전에는 결단코 거기서 나오지 못하나라)

롬1:14-15

14헬라인이나 야만인이나 지혜 있는 자나 어리석은 자에게 다 내가 빚진 자라

15그러므로 나는 할 수 있는 대로 로마에 있는 너희에게도 복음 전하기를 원하노라(복음을 전하는 이유는 탕감하기 위하여)

사탄분립조건도 인간이 사탄을 불러들였으니 인간이 자기 책임으로 해야 한다. 주관성 회복이 된다.

○탕감조건 : 탕감복귀를 위해서 세우는 조건을 탕감조건이라 한다.

나를 보내주지 않으려는 사탄 때문에 있다. 사탄이 들어오는 것을 막는 방법: 탕감의 원칙을 중심삼은 삶이 되어야 한다. 죗값을 묻는 것이 아니다.

○탕감복귀섭리 : 탕감조건을 세워서 창조본연의 인간으로 복귀해 나아가는 섭리를 탕감복귀섭리 라고 한다. 조건 자체가 목적이 아니라 심령을 높여서 참부모님을 아는 것이 중요하다. 분립섭리는 하나님에게 나아가기 위해서이다.

믿음의 기대, 실체 기대는 자기를 발견해서 메시아를 만나야 할 나라는 것을 아는 것이다. 즉, 메시아를 알아볼 수 있는 나를 기르자는 것이다.

인간책임분담(믿음+실체)

하나님이 비원리적인 입장인 차자를 중심삼은 섭리를 할 수밖에 없다.

처음에 기대가 없으면 활동할 수 없다. 환경권, 기반 조성을 만드는 것이다.

믿음 : 우리가 하나님을 믿기 전에 먼저 우리를 믿어주신 하나님의 믿음에 대한 우리의 응답이다.

믿음(파스티스) : 계약관계에 충실하는 것이다. 믿음을 갖고 비인간화로 가득한 세상에서 새로운 세상으로 나아가야 한다. 하나님께 주관 받아야 한다. 보시기에 좋았더라(선한 인간:프쉬케)에서 인간성을 상실한(타락한 인간: 시륵스) 인간을 새로운 인간성(프뉴마)으로 열매 맺게 해주는 것이다.

믿음의 기대 (자범죄)-자기부정: 하나님께로 돌아갈 수 있는 조건을 세우는 것. 하나님이 믿을 수 있는 사람. 하나님께 인정받는 것이다. (ex. 시어머니가 며느리에게 몇 년 후에 믿고 열쇠를 맡긴다.)

자기부정: 사랑에서만 자기부정이다. 종적인 기대를 만들어야 한다. 조성을 하려면 1년이고 2년이고 시간이 필요하다.

하나님이 믿을 수 있는 사람, 천사장도 믿을 수 있어야 한다.

믿음의 기대: 아담이 하나님을 사랑하는 것은 믿음

아담의 믿음을 하나님께서 열납하는 것은 기대

기대(준비): 상대할 수 없는 인간을 하나님이 상대할 수 있는 입장으로 세우려는 터를 마련하는 것이다. 심각하고 감사한 마음으로 해야 한다.

그렇게 해서 믿음의 관계가 이루어진다.

훈련을 위해서 조건물 수리적기간이 필요하다.

조건물: 하나님이 상대하기 위한 사랑이 들어있다.(사랑이다)

용서하고 싶다가 그 안에 있다. 자기를 그 조건에 맞춰야 한다.(예: 교회생활에 자기를 맞추어야 한다) 하나님이 상대하기 위한 사랑이 그 안에 들어있다. 사랑으로 이해해야 된다. 사랑이 느껴질 때 탕감이 된다.

믿는 자는 많지만 믿음의 기대를 세운 사람이 되는 것은 어렵다.(성경의 중심인물)

구원은 받는 것이다. 예수님의 은혜, 참부모님의 은혜이다. 내가 완전해서 내가 탕감조건을 잘 세워서 받는 것이 아니다. 자신이 주체이면 참부모님이 필요 없다.

조건 자체가 목적이 아니라 심령을 높여서 참부모님을 아는 것이다. 구원의 가치를 알아야 감사와 은혜의 보답으로 성화의 삶을 살 수 있다. 사랑의 마음으로

수리적 기간 : 주체자가 사랑하고 싶어서 승리적 주체자의 사정을 상속받는 기간. 성숙해지는 기간.

성장기간(탕감기간): 성장하고 성숙해지는 기간, 주체자의 사정을 상속받는 기간(아벨의 심정상속)

조상죄(유전죄) : 실체기대 -시기, 질투, 혈기

자범죄 : 믿음의 기대

원죄 : 메시아를 위한 기대(준비)

죄는 사탄과 상대기준을 조성하여 수수작용을 할 수 있는 조건을 성립시킴으로 천법을 위반하게 되는 것을 말한다.

주체와 대상이 사랑과 미를 잘 주고 잘 받아 합성일체화함으로 말미암아 하나님의 제3대상이 되어 사위기대를 조성함으로써 하나님의 창조목적을 성취하는 행위나 그 행위의 결과를 선이라 하고, 사탄을 중심하고 사위기대를 조성함으로써 하나님의 창조목적에 배치되는 행위나 행위의 결과를 악이라 한다.

아벨은 가인을 사랑으로 굴복시킨 자이다.

아벨이 강해야 할 두 가지 이유?

1. 하나님을 해방

2. 가인을 살리기 위해

실체 기대 (조상죄, 연대죄) 타락성 본성: 자기 욕심을 앞세우는 마음 아버지보다 자기를 먼저 생각한다.

사랑하지 않고 미워하는 것 (시기 질투 교만 혈기 – 사랑으로 청산해야 한다.)

타락성 본성은 천사장에게 주관 받았으므로 반대로 천사장을 주관해야 한다. 그러므로 타락성은 실체기대를 통해서 벗겨야 하므로 아담이 천사를 주관해야 하듯이, 아벨이 가인을 주관하는 것이다. 즉 아벨이 가인을 사랑함으로 가인이 아벨을 사랑하게 하는 것이다. 천사장이 형의 입장이므로 주관 받지 않으려고 한다. 실체기대는 주관성을 복귀하는 기대로서 타락성을 벗는 것이다. 실체기대에서 중심인물 자녀가 나오는 것은 3대축복을 복귀해야 하기 때문이다. 믿음의 기대를 통해서 부모가 중심인물이 되어서 복귀하고 실체기대를 통해서 자녀를 복귀한다.

자기희생, 아벨을 사랑하면서 벗겨야 한다.

타락성으로 유전된다. 나에게 타락성이 있기 때문에 하나님에게 가기 힘든 것이다. 사랑으로 벗어야 한다. 타락도 둘이서 했고 타락성도 둘과의 관계에서 생겼으므로 둘과의 관계인 가인 아벨관계를 통해서 벗는 것이다.

실체기대(가인 아벨 관계)

아벨이 가인을 사랑하는 것은 실체(아벨은 아버지와 하나된 이름이고, 가인을 사랑하는 이름이다). 사람에게 인정받는 것이다. 횡적인 사람을 찾는 것이다. 믿어줄 수 있는 사람을 찾는 것이다.

예를 들면, 예수님이 돌아가신 것도 믿음이 없던 것이 아니라 기반, 터전, 환경권이 없었다. 도와줄 사람이 없었다.

아벨의 사랑을 받아들이는 것은 기대

원래 사탄(가인)은 책임이 없다. 형이 동생을 섬겨야 하는 이 노정이 가능한가? 매우 어려운 노정이다.

가인의 마음: 남을 위해서(자기희생) 타락성을 벗는다.

영인체 완성, 인간을 섬기는 것이다. 자기보다 못난 사람을 섬겨서 그 사람이 하나님같이 보이면 타락성이 청산된다.

가인은 아벨을 사랑할 수 없는데 사랑하라고 한다. 잘 안 된다. 그러므로 가인의 마음속에서 아벨을 사랑하고픈 마음이 생기도록 해야 한다.

아벨이 이 책임을 해야 가인이 애중굴통 한다. 내가 타락성을 갖고 있기 때문에 사탄에게 주관 받는다.

하늘이 사랑하는 자를 알아보는 마음을 가져야 합니다. 하늘이 사랑하는 자와 정들어야 합니다.

봉사를 통해서 타락성을 벗는 것이 본질이다(실체기대) 영인체를 맑게 하기 위해서이다. 교회청소부가 아니다(ex카터 대통령) 나의 타락성을 벗기 위한 것이다.

나는 하는데 왜 저 사람은 안 하는가 되면 불만이 쌓이게 된다.

의인의 피로 악인을 구하고 효자의 피로 불효자를 구하고 싶은 하나님이다.
타락: 너와 나가 구분
완성: 너와 나가 일체, 이성성상을 이루는 것

요5:22 아버지께서 아무도 심판하지 아니하시고 모든 심판을 아들에게 맡기셨으니

하나님이 직접 하지 않고 아들(완성된 아들)에게 맡겼다. 메시아가 오려면 기대가 조성되어야 한다. 메시아가 오는 조성(환경)은 인간책임분담에서 기대를 만들어야 하는 원칙(원리)이 있다. 그래서 하나님은 인간이 기대를 조성할 수 있도록 구원섭리를 해 나오신다.

메시아를 위한 기대: 불륜(잘못된 결혼) - 축복결혼 하나님이 기뻐하는 결

혼 하나님의 심정회복 나의 완성은 하나님을 중심삼고 나와 아내가 하나 되는 것.

통일교회: 가정이 교회에 좋은 영향을 주어서 하늘에 보고하는 것이다. 교회에 오는 것이 목적지가 아니다. 개인활동이 아니고 가정활동이다.

교회: 내가 좋은 영향 주어서 하늘에 보고하는 것: 기독교 예배

원죄 심정유린

축복(외적): 하나님에게 등기이전하는 것

중생(내적): 혈통전환, 원죄청산

하나님이 메시아를 맞기위한 분위기 조성: 남자 중심

하나님이 혈통(핏줄)을 가져오는 것: 여자 중심

보내심과 소명의 차이

보내심: 메시아로 처음부터 구별되는 것이다. 한 사람을 보내신다.

소명(선택): 있는 가운데 뽑는 것이다.

메시아는 지상의 기반 없이는 올 수 없다. 사탄이 죽이기 때문이다.

메시아는 책임감보다 사랑의 동기와 목적으로 가기 때문에 힘들어도 포기할 수 없다. 하나님이 인간을 포기할 수 없는 것과 같다. 부모는 자식을 포기하지 않는다. 자식을 포기하면 부모(자신)되기를 포기하는 것이다.

소유는 어떻게 결정되는가

1. 누가 만들었느냐 만드신 분이 결정 – 너는 나의 것이다.

2. 누가 사랑으로 취했느냐 (자기가 결정 – 나는 당신의 것이다.

의사가 필요 없는 사람 건강한 사람 자기병을 모르는 사람 타락한 '나'인 것을 깨달아야 한다. 의사: 메시아가 필요한 나라는 것을 알아야 한다.)

복귀는 가정복귀이다: 3대축복을 복귀해서 창조목적을 복귀하는 것이다. 아담가정 노아가정 아브라함가정에 복귀해야 할 우리 가정이 다 들어있다.

복귀섭리는 진리를 담을 수 있는 그릇을 만들어가는 것임. 하나님을 모실

수 있는 마음의 성전을 건축하는 것임.

　본성: 주체자로 말미암은 성품

　타락성: 자기로 말미암은 성품

　인정: 타락성을 중심삼고 혈연적인 관계에서 나오는 정

　천정: 하늘에 의해 우러나오는 정

　심정: 하늘 가정에 사랑을 받고 우러나오는 정, 분립된 관계를 하나로 여기는 정

　하나님으로 말미암아야 사람이 되듯이 하나님도 사람으로 말미암아 하나님이 된다. 구원의 가치를 알아야 성화의 삶(감사와 은혜의 삶)을 산다.

　누군가로 말미암아야 하는 것이 사람의 도리. 부모로, 자식으로, 아내로, 누구로 말미암지 않은 것은 방종입니다.

　가인과 아벨 서로의 맘을 몰랐다. 가인 방귀 뀐 놈이 화를 낸다. 부끄러움과 불안함의 또 다른 표현이다. 가인 책임전가 내가 아벨을 지키는 자입니까? 항변함. 고백할 용기가 없었다. 먼저 화냈다.

　아벨마음: 형이 동생 부모 사랑해야 할 길을 아벨이 대신 가는 것이다.

　하나님과 아버지 형님께 송구한 마음을 가져야 한다. 그래서 동생에게 내린 축복이 형님에게 기쁨이 되어야 한다. "동생에게 축복을 잘 해 주었구나"라는 고백을 형님한테 받아야 한다.

　가인 아벨의 화목이 하나님의 섭리적인 핵심이었다. 아담 어디 있느냐? 아벨이 어디 있느냐? 하나님의 음성. 소리 없는 소리가 들려왔다. 내 속에 나만 있는 것이 아니라 하나님이 있다. 내 속에 하나님 있고 내 속에 있는 나에게 순종하는 것임. 나밖에 타인 들려오는 소리에 긴장하는 것이 아니라 내 안에 소리 보는 것에 긴장해야 한다. 그래야 진실을 찾아갈 수 있다.

가인과 아벨은 같은 길이다. 아벨도 타락성이 있기 때문에 타락성을 벗어야 한다. 아버지와의 관계에서 심정 상속은 조건적인 것이다. 실체적인 것은 가인과 아벨 사이에서 하는 것이다. 형이 동생을 모셔야 아버지의 마음을 가져간다.

아벨이 양을 앞세우고 가인은 아벨을 앞세워 가는 같은 길이다. 관계를 통해서 본성을 찾아가는 것이다. (관계를 통해서 목적을 이루듯이)

가인 때문에 아벨이 사랑을 받은 것이다. 하나님의 사랑을 받은 것은 가인 때문이다.

일 때문에 일을 하는 것이 아니고 관계 때문에 일을 하는 것이다. 정들려고 일하는 것이다.

명령을 지켜서 종적인 기대를 이루어야 한다.

1 하나님의 입장을 지킨다: 하나님 말씀 지킨다

2 자기관리가 있다 천사장(종) 인간(아들):자기 자리를 잃어버렸다.

3 주관성 전도

4 죄를 지으면 본래 돌아가려고 하는 마음이 생겼는데 잘못 돌아갔다(양심작용).

가인, 아벨

1 직업은 달랐지만 제사는 다르게 지내면 안 된다.

2 아버지는 제물을 안 드렸다: 1 타락의 장본인(심정적으로 안됨: 하나님 앞에 설 수 없었다) 2 두 주인을 섬기는 자가 됐다.(마6:24: 두 주인을 섬기지 못한다)

3 왜 하나님은 가인 제물을 안 받았을까.

아벨 가인은 경쟁의 관계(각각 제물 잘 드리려고 했다)

타락이후

서로 도와주는 관계여야 한다. 가인의 제물을 받지 않은 이유? 히11:4 더 나은 제물

(풍성한 제물)

피의 제사 유무가 아니다: 레위기에서 처음으로 주어진 5대 제자 가운데도 피가 아닌 곡물로 바치는 소제가 있었다. 민18:12 물론 죄를 속하는 제사에는 피가 있어야 한다(속죄제). 그러나 4장의 제사는 속죄제가 아니라 추수감사제에 해당한다.

나를 영접하라. 부모가 갈 길은 하나님 앞에 효자로 길러내는 길입니다. 자식을 잘 키웠다고 칭찬받아야 한다. 부모의 죄는 자식의 효로 탕감할 수 있었는데 놓쳤습니다. 마음의 길은 개척했지만 가정을 통한 사랑의 길은 남아졌다. 삼상15장. 아벨: 믿음의 제물. 제사보다 순종이 낫다.

불륜의 피, 살인의 피, 죄인의 피가 흐름. 내가 죄인이다. 아버지를 죄인되게 한 자식입니다. 우는 일밖에 달리할 것이 없다. 눈물의 물줄기를 따라가면 나 때문에 흘리시는 아버지의 눈물과 만날 수 있다.

복귀섭리를 따라가면 나를 위해서 찾아오시는 수고하신 하나님을 만나야 한다. 자식의 죄, 부모의 죄가 따로 없다. 철든 자식이 이 죄를 없애야 한다.

신앙은 용서받기 위해서가 아니라 용서를 하기 위함이라는 사실이다. 강하게 때려야 빨래가 깨끗해진다. 하나님이 가인을 용서한다고 아벨 마음이 편해질까? 부정한 해와를 용서한다고 남편의 마음이 편해질까? 피해자가 용서해야 가해자와 하나님을 평화롭게 해드리는 것이다. 신앙하는 사람들의 몰염치한 착각이 속죄를 너무 쉽게 생각한다.

노아가정: 하나님이 전지전능해서 죄악을 다 아시므로 괴롭다. 창조는 했지만 버릴 수는 없다. 불신자에게는 하나님께서는 무능이 있다는 아픔이 있

다는 것을 알아야 한다.(성숙한 신앙자)

산 정상에 방주를 짓게 하는 믿음이 인간보다 좋다.

광야에서 십계명 준 이유? 생활이 척박해서 인성을 잃어버릴 것 같아서. 먹을 것이 없고 가시밖에 없었다. 마음이 가시 같아서 남을 비판하고 제 것만을 챙기려고 했다.

여호수아 정탐 1차: 용기를 북돋았다. 2차: 정탐꾼 생활하면서 라합을 감동시켰다.

애급 나오고 광야 생활한 것을 보고 하나님의 역사를 믿는다.

들어갈 수 없어서 돌기만 한다. 정착해서도 기술이 없고 문화가 없어서 가나안7족이 얕잡아봤다. 침략을 자주 당했다.

모세는 혼자서 했지만 여호수아는 더불어 협력해서 정탐도 정탐꾼이 들어갔다.

아벨은 양치는 자. 야곱을 종용한 자. 중심인물을 선택할 때 그 시대에 맞는 사람을 선택한다.

주기도문~우리가 우리에게 죄 지은 자를 사해준 것 같이 피해자가 가해자를 용서할 때 비로소 하늘도 내게 용서한다.

성만찬 예식. 인간과 관계없는 천국은 없습니다. 좋은 사람이 있으면 에덴입니다. 자기 중심한 이기주의자, 나만 생각하는 사람이 모인 곳, 고독이고 지옥입니다. 나만 생각하는 사람, 옛날에 사람이 살지 않은 곳에 보낸다. 죄인은 독방에 가둔다. 천국은 스스로 창조해서 간다.

하나님의 심정

하나님의 창조이상은 기쁨이었습니다. 그 기쁨은 혼자서 얻는 마음이 아니라 대상으로 말미암아 얻는 것입니다. 그래서 아들, 딸에게 축복을 주시고, 그 축복을 이루어 기뻐하는 자식의 기쁨으로 기쁨을 느끼시려고 합니다. 하지만 대상으로부터 기쁨을 얻는다는 이 말은 대상을 통하여 슬픔도 얻을 수 있다는 말이 되고 있습니다.

인간의 타락과 그의 행실을 보시는 하나님께서 이 땅에 인간 지으심을 후회하시고, 근심하시고, 한탄하신다(창6:5~7)는 성경의 말씀으로도 그것을 알 수 있습니다.

대상을 통하여 기쁨도, 슬픔도 얻을 수 있다는 이런 전제에서 보면, 기쁨을 소망하고 창조하신 하나님께서 인간의 타락을 지켜보시는 그 마음이 어떠했겠습니까?

또한, 사랑하는 아들 예수님이 조롱과 멸시를 받으며 채찍질 당하고 십자가에 못 박혀 피 흘리며 죽어가는 그 모습을 지켜보시는 하나님의 마음은 어떻겠습니까? 자식은 고통가운데 있는데 부모 되시는 하나님은 영광 가운데 천사의 송영을 받으며 천국에서 기쁨을 누리고 계실 것이라는 생각을 어떻게 할 수 있습니까? 그런 부모는 없습니다.

인간의 타락으로 비운의 하나님이 되시어 눈물의 길을 걸어오신 하나님을 알아야 합니다. 자식을 십자가에 죽여야 하는 하나님의 비통함을 알아야 합니다. 불쌍하다면, 그 보다 더 불쌍함이 없는 하나님입니다.

"여우도 굴이 있고 공중의 새도 거처가 있으되 오직 인자는 머리 둘 곳이 없다"(마8:20)하시는 예수님의 마음을 알아야 합니다. 불신하는 유대백성을 보시고, 예루살렘의 성을 바라보고 우시는 예수님의 눈물을 보아야 합니

다. (눅19:41)

"하늘이여 들어라. 땅이여 귀를 기울이라 여호와께서 말씀하시기를 내가 자녀를 양육하였거늘 그들이 나를 거역하였도다. 소는 그 임자를 알고 나귀는 주인의 구유를 알건마는 이스라엘은 알지 못하고 나의 백성은 깨닫지 못하는도다 하셨도다. 슬프다.범죄한 나라요 허물진 백성이요 행악의 종자요 행위가 부패한 자식이로다"(사1:2~4)하며 슬퍼하시는 하나님의 마음이 있음을 알아야 합니다.

오늘날 하나님은 타락한 인간의 고통과 상관없이 생명수 강이 흐르고 순금으로 된 거리와 진주로 된 대문과 보석으로 빛나는 아름답고 거룩한 천국에서 천사들의 송영을 받으시며 영원토록 기쁨과 행복으로만 계시는 그런 분이신 것으로 알고 있습니다. 그래서 우리는 믿음으로 구원을 받아 하나님이 계시는 그런 아름답고 거룩한 천국에서 살기를 소망하고 있는 것입니다.

이 마음은 우리가 종의 마음으로 신앙해 왔기 때문입니다.종은 주인의 사정을 생각하지 않습니다. 우리가 아직 하나님의 자식이 되지 못하고, 부모 되시는 하나님의 깊은 심정을 모르고 믿어 왔기 때문입니다. 아직 하나님이 우리의 아버지가 되지 못하였기에 하나님의 심정을 헤아리지 못하는 것입니다.

이 불쌍한 하나님을 해방해 드릴 수 있겠습니까? 자식 때문에 가진 그 한을 누가 해방할 수 있습니까? 자식 때문에 갖게 된 그 한은 자식이 해방해 드려야 합니다.

아담의 타락으로 갖게 된 아버지 하나님의 서러움을 어떻게 청산할 수 있습니까? 그 슬픔을 기쁨으로 전환할 수 있게 하는 효자 효녀가 나와야 합니다.

우리는 이날까지 전지전능하시고, 생사화복을 주관하시는 하나님을 생각했습니다. 그래서 그 하나님에 의지하여 나의 복을 빌었습니다. 그것이 신앙이었습니다. 그러하였기에 하나님의 마음에 슬픔과 고통이 있으리라는 것을 상상할 수도 없었습니다. 하지만, 타락한 자식을 둔 하나님은 아무리 전지전능하다 하더라도 기쁜 하나님일 수 없습니다. 우리는 깊은 하나님의 심정을 보지 못했습니다.

알고 보니 하나님은 불쌍하신 분입니다. 당신을 믿고 따르겠다는 사람들의 천로역정의 험한 길은 바로 하나님이 걸으셨던 길이었습니다.

이 죄의 세상에서 핍박과 반대와 학살과 순교의 역사 속에서 믿음을 가진 자들이 당하는 비참한 고통과 원한을 당신의 한으로 품으시고, 잃어버린 자식을 찾아 역사의 뒤안길을 따라 나오시며, 행여나 당신의 마음을 알아서 나_하나님대신 나의 이 원한과 인류의 슬픔을 해방하겠다는 그런 자식이 있을까를 소원하시며, 그런 심정을 가진 자식을 찾아 나오신 하나님이었던 것입니다. 문선명, 한학자총재께서는 그 하나님의 심정을 아시고, 하나님의 뜻을 이루어 드리려고 하나님의 심정을 처음으로 설파하시고, 하나님의 한을 해방하고 인류를 해방하기 위하여 일평생을 그렇게 살아오셨습니다.

구원의 길

타락한 인간이 하나님에게로 나아가고자 할 때 사탄도 그 길을 막아서지만 하나님도 그냥 받아드릴 수가 없습니다. 타락한 인간은 비원리적인 존재입니다. 비원리적 존재는 어떤 존재입니까? 떳떳하지 못한 존재, 정당하지 못한 존재가 비원리적 존재입니다. 누가 그런 존재입니까? 결혼한 남자에게는 아내가 있습니다. 그런데 그 남자가 또 다른 여자를 상대하고 있습니다.

한 남자가 한 여인만을 상대하는 것이 원리적입니다. 그것이 정상적이고,

원리적입니다. 그런데 이 남자는 두 여인을 두었습니다. 이것이 비원리적입니다. 정상적인 관계가 아닙니다. 이런 비원리적 존재가 본처本妻에게로 가려고 합니다. 그러면 첩妾이 반대합니다. 첩이 가지 못하게 합니다.

그리고 본처도 이런 남편을 그냥 받아드릴 수가 없습니다.

마찬가지입니다. 타락한 인간이 하나님에게로 나아가고자 할 때 사탄이 그 앞길을 가로막아섭니다. '갈 수 없다'고 '너는 내 것'이라고 하나님 앞으로 가려는 길을 막아섭니다. 그래서 하늘 길을 가는 사람에게는 사탄의 방해와 그 사탄과의 싸움은 너무나 당연합니다. 그리고 정작 돌아온 아담이 하나님 앞에 서면 하나님도 순순히 받아드릴 수가 없습니다. 아담을 쫓아낸 하나님께서 "그룹들과 두루 도는 화염검으로 생명나무의 길을 지키게 하셨다"(창3:24)는 말씀이 그 말씀입니다.

그러하기에 복귀의 길을 가는 사람은 사탄과 하나님의 이 두 고개를 넘어서야 합니다. 하나님께서 세운 중심인물이 세워야 할 이 두 고개의 하나는 사탄에게 세울 조건-외적인 싸움-이고, 다른 하나는 하나님에게 세울 조건-내적인 싸움-이었던 것입니다.

이를 잘 보여주는 성경의 사례가 '이삭번제'입니다.

(창 22:1~12) 모리아 산상山上에서 번제의 제물이 되어야 했던 이삭이 세워야 할 더 큰 조건은, 자기를 죽이려는 아버지를 절대적으로 믿고, 사랑해야 하는 '절대사랑'이었습니다. 다른 사람이 아닙니다. 지금 사탄이 자기를 죽이려는 것이 아닙니다.

내 아버지가 나를 버리는 것입니다. 이삭의 눈에는 그렇게만 보입니다. 사실 하나님께서 드리라고 하는 제물은 아브라함의 3제물의 실수로 침입한 사탄을 분립하고자 함에 목적이 있었으니, 사탄도 이삭 번제에 미련을 가지고 대對하고 있었습니다. 하지만 이삭의 눈에는 오직 아버지 아브라함만 보이는 것입니다.

아브라함이 이삭을 죽이려고 칼을 들었습니다. 이삭이 아버지에게 반항하지 않고 양洋같이 있습니다. 이 힘든 자리, 믿을 수 없는 자리를 이삭이 넘어가고 있습니다. 하나님의 마음이 다급해졌습니다. "이제야"(창22:12)하시는 하나님의 다급한 음성에 하나님의 마음이 보이지 않습니까?

하나님의 눈에 눈물이 철철 넘칩니다. 아담의 불순종과 타락으로
인한 하나님의 서러운 마음이 이제야, 이제야 해방을 얻었습니다. 아브라함이 하나님의 친구가 되었습니다. (역대기하20장7절)

사탄은 이 자리에서 자기가 에덴동산에서 하나님에게 가져보지 못한 마음을 아브라함과 이삭을 통하여 보게 된 것입니다. 이삭번제를 통해 사탄은 '나보다 낫구나"하나님의 사랑을 받을 자격이 있구나나도 저런 사랑을 너에게서 받고 싶구나'그런 마음이 오가는 자리가 이삭 번제의 승리였습니다. 그렇게 이삭은 타락인간이 넘어가야 할 조건을 넘었던 것입니다.

이 큰 사랑의 자리에서 조건이 어디 있겠습니까? '아버지!' 이 한마디의 말이면 됩니다. 절대사랑의 이 자리에서 사탄의 섭섭함도, 하나님의 분한 마음도 다 녹아내렸습니다. 그래서 아브라함과 이삭이 위대한 것입니다. 그래서 아브라함과 이삭이 이스라엘 민족의 조상이 된 것입니다.

이삭의 믿음을 계승한 아들, 야곱이 쌍태로 잉태되어 복중에서부터 사탄의 편에 서게 된 형 에서와 싸울 때에 하나님이 도와주셨습니다. 떡과 팥죽으로 장자의 명분을 얻고, 어머니의 협조로 형에게 갈 축복을 받는 자리에서도 하나님께서는 야곱과 함께했습니다. 축복을 빼앗겼다고 자기를 죽이려 하는 형을 피해 외삼촌 집으로 도망갈 때, 하나님께서는 베델에서 야곱에게 꿈으로 나타나서서 힘을 내게 하셨습니다. 하란에 사는 외삼촌 라반의

집에서 부인을 얻어 자녀를 낳고 재물을 얻도록 도와주셨고, 아버지 집으로 돌아오는 길에도 늘 하나님이 인도하시며 만사를 형통하게 하셨습니다. (창 31:3) 야곱의 일생은 하나님께서 야곱보다 더 수고하고 지키시며 야곱의 승리를 이끌어내셨습니다.

이제 얍복 강을 건너면 아버지 집으로 갈 수 있습니다. 그런데 그 자리에서 정작 야곱의 앞을 막아선 분은 하나님이셨습니다. 하나님께서 야곱의 가는 길을 막아선 것입니다. 얍복 강가에서 천사와의 씨름이 그것이었습니다. 일생을 절름발이로 살아야 하는 상처를 이곳에서 얻게 됩니다. 그런 고통을 하나님께서 주셨습니다.

그런 자리에서도 하나님을 향한 야곱의 마음은 간절합니다. 환도뼈가 위골違骨이 되어서도 "당신이 내게 축복하지 않으면 가게 하지 않겠다"(창 32:26)는 야곱의 이 간절한 마음은 에덴동산에서 아담이 미처 갖지 못했던 마음입니다. 아담은 하나님께서 주신 축복을 경솔히 여겼습니다. 그러나 하나님의 축복을 얻겠다는 야곱의 간절한 이 마음은 아담이 경솔히 생각하여 잃어버린 하나님의 축복을 다시 찾을 수 있는 조건이 되었습니다. 야곱은 사탄의 참소를 넘어설 수 있는 이 마음의 자리를 얻었던 것입니다. 야곱이 아담에게 닫혔던 하나님의 마음을 열게 했습니다. 얍복 강江가에서 야곱은 아담에게서 떠났던 하나님의 마음을 얻었습니다.

그렇게 승리하여 받은 이름이 "이스라엘"이었습니다.(창32:28)

하나님께서 아들에게 얼마나 주고 싶었던 이름입니까? 야곱은 그 마음으로 자기를 죽이려는 형님께 절하고, 절하며 자기의 재산을 형님께 드리면서 형님의 섭섭했던 마음을 해원하고 서로 부둥켜안습니다. "제가 형님을 뵈오니 하나님을 뵙는 것 같습니다" (창33:10)는 말에서 하나님을 대하는 야곱의 마음이 얼마나 사무쳤는지를 알 수 있게 합니다.

야곱은 타락인간이 세워야 할 두 조건에 승리한 것이었습니다. 그래서 '이스라엘'이었습니다. 복귀섭리의 본보기 노정을 남기는 이스라엘 민족의 조상이 되었습니다. "아버지여 저희를 사하여 주옵소서! 자기의 하는 것을 알지 못함이니이다" (눅23:34) 죽음의 자리로 내몰고 있는 원수 사탄을 예수님께서는 여전히 사랑합니다. 누구나 낼 수 있는 마음이 아닙니다. 사탄은 에덴동산에서 자기보다 능력도 못하고, 충성스럽지도 않은 아담을 더 사랑하는 하나님에게 섭섭했습니다. 내 사랑과 정성을 알아주지 않으시고, 아담을 더 사랑하는 하나님이 미웠습니다.

그런데 사탄은 자기에게는 없는 마음의 자리를 예수님에게서 보았습니다. 자기-사탄-는 시기 질투로 하나님을 배반했는데, 예수님은 자기-예수님-를 그토록 비참하게 죽이려고 하는 사탄을 여전히 사랑합니다. 사탄의 마음이 어떻겠습니까? 사탄의 마음이 지옥입니다. 사탄은 통곡했을 것입니다.

예수님의 이 마음이 저절로 사탄에게 예수님께 용서를 빌도록 하고 있습니다. '내가 잘못했다'고, '내가 하나님의 마음을 너무 몰랐다고'고, 사탄의 회개가 있을 만한 자리가 아닙니까? 그래서 예수님의 부활의 자리가 열린 것입니다. 사탄으로부터의 승리입니다. 이런 기막힌 자리에서 아들이 아버지를 위하여, 그리고 타락한 인류의 구원을 위하여 죽어가는 그 자리에서도 하나님이 뒤돌아 서 계십니다. (마27:46) '아버지가 그럴 수 있느냐고' 항변 抗卞하고도 남을 자리에 예수님이 서 계십니다.

'내가 속았다'고, '내가 아버지에게 속았다'고 원망해도 모자랄 자리에 예수님이 피를 철철 흘리며 십자가에 매달려 있습니다.

불신할 만한 자리, 믿지 못할 자리에서, 버림받은 그 자리에서도 원수를 사랑하며 아버지에게 "저들의 죄를 용서해 주시옵소서" 하시며 아버지께서 자기를 버린 것 같은 그 자리에서 여전히 원수를 사랑하고, 아버지를 사랑하고 있습니다.

얼마나 기막힙니까?당신은 죽어가면서 그렇게 기도하고 계신 것입니다.하늘이 얼마나 얼마나 통곡했겠습니까? 아버지의 마음이 따로 없습니다.하나님 아버지가 예수님이 된 것입니다. 예수님이 하나님이 된 것입니다. "다 이루었다" (요19:30) 이 말씀이 그래서 나왔습니다. 진정 다 이루었습니다. 불신만이 있는 자리에서 "아버지여 내 영혼을 아버지 손에 부탁 하나이다" (눅23:46)라는 예수님의 기도는 절대사랑이었습니다.이 예수님의 절대사랑 앞에 사탄도 사탄이 될 수 없었습니다. 하나님도, 타락한 아담도 모두를 해방시켰습니다. 이것이 '다 이루었다'는 예수님의 고백이었습니다. 그 절대사랑의 마음이 생명나무의 길을 지키고 있는 그룹과 화염검을 걷히게 하였습니다.

타락한 인류의 구원의 길이 열린 것입니다. 나 하나 살리기 위해서 이런 기막힌 사연을 넘어오셨습니다. 나 하나 살리자고, 나 모르는 곳에서 하나님은 그렇게 살아오셨습니다. 어떤 사람은 하나님의 그 사랑을 알고 찬송합니다. 어떤 사람은 그런 사랑이 있었는지도 모르고 살고 있습니다.그 사랑을 알고 살 수 있다면 얼마나 감사하겠습니까?

하나님의 사랑이 있습니다. 이 크신 사랑을 알지 못하고, 느끼지 못하고 살았다면 얼마나 불쌍한 인생이 되겠습니까? 얼마나 분통한 사람이 되겠습니까?아버지께서 당신의 사랑을 말할 수 없습니다. 아들딸이 그 사랑을 알아야 합니다.

시험과 은혜

"어느 때든지 하나님 편으로 가려면 반드시 사탄이 방해하게 되어있는 것입니다."(133-86) "무슨 새로운 선한 일을 하려고 할 때는 반드시 사탄이 나타나게 마련입니다"(58-18)(욥2:1)는 말씀을 보면 내가 가야 할 하늘길을 사탄이 방해하며 가로막고 있음을 알 수 있습니다. 그러나 사탄도 무작정 나의 길을 방해할 수 없습니다. 반드시 조건이 있어야 합니다. 그리고 사탄이 나를 방해하며 가로막고 있는 조건들은 내가 하늘 길을 가기 위해서 반드시 넘어야 할 조건도 되는 것입니다.

그러니 내가 내 갈 길을 몰랐다고 할지라도 내 앞을 가로막는 사건을 보고 내 갈 길을 알 수 있는 것입니다. 사탄이 방해하며 가로막고 있는 그것이 내가 승리하고 가야 할 나의 하늘 길임을 가르쳐 주고 있는 것입니다.

또한 조상들이 살아온 삶들과 내가 살아온 삶이 조건이 되어 사탄이 나의 갈 길을 가로막고 서 있습니다. 그러기에 사탄이 가로막고 서 있는 조건들을 보면 나의 조상들이 어떻게 살았는지를 알 수 있습니다. 내게 음란의 마음이 있는 것을 보고, 음란의 조상이 있는 것을 알 수 있습니다. 그 마음의 뿌리를 찾아 들어가서 사탄의 실체를 아신 것이 아닙니까. 내 안에서 찾아야 사실입니다. "너희는 너희 아비의 욕심을 너희도 행하고자 하느니라"(요8:44)는 성경의 말씀이 그것을 알게 합니다.

예수님의 가실 길을 가로막는 사탄을 보십시오. 40일 금식을 하는 예수님 앞에 나타난 사탄이 예수님의 갈 길을 보여주고 있습니다. '돌을 떡 되게 해서 먹으라' '성전에서 뛰어내리라' '내게 절을 하면 온 천하를 주겠다' (마4:1~10)는 이 사탄의 시험은 예수님이 말씀으로 살아야 할 것을 가르쳐 주고 있습니다.

성전의 주인이 되어야 한다는 것도, 만물의 주관자가 되어야 한다는 것도 보여주고 있습니다. 다시 말해서 '생육하고, 번성하여, 만물을 주관하라'는 3대축복을 이루어야 할 '나'라는 것을 사탄이 가르쳐 주고 있습니다. 사탄은 나를 죽이려고, 나를 소유하려고, 그 조건으로 나를 가로막고 서 있지만, 나를 가로막은 그 사건은 내가 승리하고 가야 할 길입니다. 그러니 나를 찾아온 시련을 보면, 내 갈 길을 알 수 있습니다. 마음의 소리를 듣고, 하늘 길을 가는 사람에게도 여전히 하늘길이 애매합니다.그러나 시련과 시험이 많으면 제대로 가고 있는 것이라 생각하면 됩니다.사탄이 아무 때나, 아무에게나 하늘가는 길을 막아서지 않습니다. 골문을 향하지 않는 사람에게 반칙을 하면서까지 가는 길을 막을 필요가 있겠습니까?

가만히 놔두어도 하늘과 상관이 없는 사람인데, 왜 시험에 들게 하겠습니까? 그냥 그대로 내버려 두어도 사탄은 괜찮다고 생각하는 것입니다. 그래서 세상길을 가는 사람이 더 편안하게 보이는 것입니다.

하늘길이 애매할지라도, 사탄의 시험이 심하면 제대로 가고 있는 사람입니다.골문이 가까워져 오니까 시련이 내게 오는 것입니다. 나의 시련을 보고, 나의 몸부림을 보면서 골문이 가까이 있는 것을 알 수 있습니다. 그것을 알면, 시련이 고맙습니다. 나를 무너지게 하려
는 그 시험이 내가 넘어가야 할 길이기 때문입니다.
내게 찾아온 시련이 나의 길을 인도하고 있는 것입니다. 그러니 시험이, 시험이 될 수도 있고, 은혜가 될 수도 있습니다. 승리한 사람, 하나님께 감사한 사람은 그 시험에서 이긴 사람들입니다. 그렇게 하나님을 만나러 가는 것입니다. 예수님에게 찾아온 시험은 '생육하고, 번성하여, 만물을 주관하라'는 하나님의 축복을 이루기 위하여 넘어가야 할 우리 모두의 시험을 예수님이 앞서 보여 주시고 승리하신 것입니다. 예수님 앞에 찾아온 시험을

보면, 예수님의 첫 번째 시험은 생명의 시험입니다.

(마4:3~4) "돌을 떡 되게 하여 먹어 네 생명을 살리라"

석가모니의 시험도 생명을 놓고 시험을 받았습니다. 생명의 시험은 목숨을 건 시험입니다. 예수님도, 석가님도 죽고자 했습니다. 자기 분야에서 책임 한 사람들도 다 죽고자 한 사람들입니다. 돈을 벌기 위해서도 죽고자 했고, 권력을 얻기 위해서도 죽고자 했습니다. 학문을 얻기 위해서도 죽고자 했습니다. 죽고자 한 사람이 얻습니다. '정녕 죽으리라'는 말씀을 부정하고 넘어간 길이기에 죽고자 해야 얻는 것입니다. "하나님이시여! 아버지시여! 하는 부르짖음이 여러분의 생명선을 넘고 새로운 세계에 가서 맞부딪치는 경각에 다다랐다 할 수 있어야 합니다. 그런 심정을 가지고 아버지를 불러 보았습니까? 그런 자리에 서지 못하면 참된 종교의 문이 팔방八方으로 열렸다 하더라도 그 문을 통할 수 없습니다.

그 문을 그러한 과정을 통해야 열리기 때문에 그 문을 통해 가려면 그 이상의 절박한 생명의 심정을 가지고야만이 갈 수 있는 것입니다."(31-312)

그래야 생육하는 것입니다. 생육한 사람은'효孝의 사람'입니다.

'효'는 부모를 위하여 죽고자 하여 얻는 이름입니다.

예수님의 두 번째 시험은 사랑에 대한 시험입니다. (마4:5~7) 사탄이 예수님께 와서 '성전에서 뛰어내리라'고 합니다.성전이 무엇을 가리키는 말입니까? "성안에 성전을 내가 보지 못하였으니 이는 주 하나님 곧 전능하신 이와 어린 양이 그 성전이심이라" (계21:22)는 말씀을 보면, 성전은 하나님이고, 예수님을 말합니다. 성전에서 뛰어내리라는 사탄의 말은 예수님이 예수님-메시아-의 자리에서 내려오라는 말입니다.무엇으로 그 자리에서 내려옵니까?아담이 무슨 일로 아담의 자리에서 내려왔습니까? 잘못된 사랑입니다. 그래서 이 두 번째 시험은 '네가 내 말을 들으면, 무엇을 해 줄게'라는 거래去來가 없습니다. '그냥 네 육肉의 욕망대로 살아라'는 유혹입니다.

예수님의 두 번째 시험도 그러했지만, 석가님에게도 사랑의 시험이 있었습니다. 전라全裸의 미인으로부터 유혹이 있었습니다. 도道의 길을 걷는 사람에게 반드시 넘어야 할 시험입니다. 이 두 번째 시험을 벗어나야 참사랑을 얻습니다. 아담이 넘어보지 못한 자리입니다. 사탄이 따라오지 못하는 자리를 넘어야 합니다.

성인은 그 자리를 넘어선 사람입니다. 이 자리가 어렵습니다. 안다고 넘을 수 있는 것이 아닙니다. 타락의 비밀을 안다고 넘을 수 있는 길이 아닙니다. '따먹지 말라'는 말을 아담도, 해와도 알았습니다. 그래도 못 넘은 길입니다. 원리는 믿음의 기대-하나님이 나를 믿는 믿음-와 실체기대-사랑의 실력과 실적-를 이루어야 넘을 수 있다고 말씀하고 있습니다. 그것은 사위기대四位基臺의 생활-부모사랑, 부부사랑, 형제사랑의 기대가 있는 생활-을 해야 한다는 말씀입니다.

그것은 부모와 부부와 자녀와 형제와 절대사랑의 관계를 가져야 한다는 말씀입니다. 나의 타락으로 인한 부모의 슬픔이, 형제의 슬픔이 절절히 느껴져 와야 합니다. 타락으로 인한 부모의 슬픔이, 형제의 슬픔이 절절히 느껴져 와야 합니다.

타락으로 인한 고통이 나 하나로 국한된다면 사랑의 시험을 넘을 수 없습니다. 내가 사는 것도 나를 위한 힘만으로 살지 못합니다. 누구를 위하는 힘이 나를 이기게 하는 것입니다. 나만을 위해서는 자기 잠도 이길 수 없고, 자기 욕심도, 자기 힘듦도 이길 수 없습니다.

사랑의 시험은 자기 중심한 마음으로는 이길 수 없습니다. 사랑의 시험은 오직 사랑으로 이길 수 있습니다. 부모를 위하고, 형제를 위할 때 이기는 것입니다. 그래서 믿음의 기대가 있어야 이기고, 실체기대가 있어야 이긴다고 했습니다. 사랑의 시험을 이기려면 공백이 없는 생활을 해야 합니다. 마음에 공백이 있으면 사랑의 시험이 내게 옵니다.

　　바람이 꽉 찬 풍선처럼, 아버지를 생각하는 마음이 꽉 차 있어야 합니다.그렇게 아버지에 취해 살아야 넘어갈 수 있는 시험이 '사랑의 시험'입니다. 사랑의 시험이 없다고 이긴 것이 아닙니다. 생육하지 못한 자는 사랑의 시험이 오지도 않습니다.

　　예수님의 세 번째 시험이 주관主管의 시험입니다. "마귀가 또 그를 데리고 지극히 높은 산으로 가서 천하만국과 그 영광을 보여 가로되 만일 내게 엎드려 경배하면 이 모든 것을 네게 주리라"(마4:8~9)"이에 예수께서 말씀하시되 사단아 물러가라 기록되었으되 주 너의 하나님께 경배하고 다만 그를 섬기라 하였느니라"(마4:10)

　　주관의 시험은 아버지와 하나 되어야 승리합니다. 자기가 누구입니까? 하나님의 아들입니다. 아버지와 아들이 둘이 아닙니다. 그러니 자기가 하나님입니다. 자기를 하늘 것으로 취급하는 것입니다. 하늘 것으로 취급해야 할 자기인데, 하늘과 딱 같아야 하지 않겠습니까? 하나님과 하나 되지 못한 자기를 하나님 취급하면 어떻게 되는 것입니까. 사탄입니다.하나님에게 정오정착正午定着을 해야 합니다.

　　하나님 앞에 그림자 없는 자기가 되어야 합니다. 아침·점심·저녁이라할 때, 점심은 한자어입니다.점심點心은 마음-心-에 점點을 찍는 것입니다.
　　그것이 정오정착입니다. 하나님과 꼭 하나 된 자기가 되어야 주관의 시험을 이길 수 있습니다.

목회하면서 남을 가르치려고 합니다. 남을 가르치다 보면 자기가 하나님이 됩니다. 자기가 하나님이 되어 교인에게 기도하게 하고, 그 기도를 마치 하나님처럼 듣고 있습니다. 자기는 누구를 섬기지 않으면서 섬김을 받으려고 합니다.

이것이 무서운 독버섯이 되어 자기를 죽입니다. 주관은 사랑하는 것입니다. 주관은 자기 없는 '섬기는 삶'입니다. 자기가 없는 아버지의 것이 된 자기입니다. 하나님으로 말미암은 '나'입니다. 내가 사는 것이 아니기에 그렇습니다. 생육도 어렵지만, 번성이 더 어렵습니다. 하지만 정말 어려운 것은 주관하는 것입니다. 하나님을 대신한 자리가 아닙니까.'주관하라'는 말은 내 마음대로 하는데 아버지와 똑같아야 한다는 말이 아닙니까. 그 자리에서 하나님과 똑같지 아니하면 사탄이 됩니다. 자기입니다. 사랑으로 소생기를 넘고, 장성기를 넘었으면 완성기에 사랑하는 것입니다.사랑으로 살지 않았으니 권세로 주관하려 합니다.

부모는 자식을 섬기고, 손자를 섬깁니다. 자기보다 귀하게 보여 기쁨이 됩니다. 잘못 주관하면, 자기가 사탄이 됩니다. 자기를 잃어버립니다.'천주주관 바라기 전 자아주관 완성하라'는 말씀이 내 말이 되어야 합니다.모든 문제는 나 하나에 있습니다.

하나님께서 예수님을 시험에 들게 합니다. 시험은 사탄이 하지만, 시험을 받도록 광야로 이끌고 나가 40일 금식을 하게 하시는 분은 하나님이십니다.내가 가야 할 길이기 때문입니다. 그러기에 하나님께서 나를 시련과 시험으로 인도하시는 것입니다. 하늘 길을 내 걸음으로 가라고 '생육하고, 번성하여, 만물을 주관하라'하시는 것입니다. 내가 가야 합니다. 내가 가려고 내게 본성이 있습니다. 내 마음이 내 갈 길을 알고 있습니다.

오직 사랑

언젠가 제 아들이 '한 번의 실수가 아니라 잘못을 버릇처럼 하는 자식에게 폭력은 정당한 것인가?'라는 주제의 과제를 하게 되었습니다. 아들도 학급 친구들도 방법은 조금 다르지만 체벌이나 폭력을 해서라도 교육을 해야 한다는 주장이었다고 합니다. 아들은 학교를 다녀와서 제 의견을 물었습니다.

제가 그림을 그렸습니다. 웃는 얼굴을 하는 아이의 모습을 그렸습니다.그리고 그 아이로부터 옆으로 화살표를 길게 긋고 그 뒤에 웃었던 아이가 이젠 새까맣게 되어버린 모습을 그렸습니다.

웃는 아이의 모습은 정상적인 아이의 모습이고, 새까만 아이의 모습은 체벌이나 폭력을 해서 교육해야 할 아이의 모습이라는 설명을 덧붙였습니다. 방긋방긋 웃어야 할 아이가 새까만 아이로 변했습니다. 이 새까맣게 된 아이를 방긋방긋 웃는 아이로 돌이키려고 교육하는 것 아닙니까? 이것을 종교적인 용어로 말하면 구원입니다. 복귀입니다. 구원을 어떻게 해야 하느냐는 물음입니다.폭력을 해서라도 구원해야 하느냐라는 주제였습니다. 먼저 폭력을 사용하여서 이 아이를 제자리로 돌렸다고 생각해 봅시다. 제가 그린 그림 아래에 또 하나의 그림을 그렸습니다. 얻어맞고 돌아온 아이가 방긋방긋 웃고 있겠습니까. 인상을 쓰고 있겠습니까? 인상을 쓰고 있겠지요. 적어도 기분은 좋지 않겠지요.이렇게 돌아온 아이가 돌아온 아이입니까. 돌아오지 않은 아이입니까?폭력으로 돌아온 아이는 자기 안에 돌아온 동기가 없습니다. 자발적으로 돌아온 것이 아닙니다. 어쩔 수 없이 돌아왔습니다.

이렇게 돌아온 것을 돌아왔다고 생각하기에 폭력을 해서라도 돌려놓아야 한다고 말씀하시는 것입니다. 이렇게 돌아온 아이는 돌아온 아이가 아닙니다. 몸만 돌아왔습니다. 모양만 돌아왔습니다. 아버지가 안보이고, 선생님이 보이지 않으면 다시 돌아갈 아이입니다. 거짓말을 해서라도 다시 돌아가고, 남이 보지 않을 자리를 주면 숨어서라도 다시 돌아갈 것입니다.그러니 돌아온 것이 아닙니다.

어떻게 돌아와야 새까만 아이가 방긋방긋 웃는 아이로 돌아올 수 있습니까? 돌아온 동기가 자기 안에 있어야 합니다. 자기가 자기 발로 오고파서 돌아와야 합니다. 어떻게 돌아오고파 하는 마음을 갖게 합니까? 감동과 감사가 있게 해야 합니다. 죄인이라 할지라도 사랑하고, 용서하고, 이해하고, 기다려주고, 그 속에서 그 아이가 자기를 보고 깨닫고 부모의 마음을 알아서 '내가 이러면 안 된다'내가 이러면 아버지가 슬퍼하신다' 그렇게 자기 안에 돌아올 동기를 가지고 돌아오도록 해야 돌아와서 인상을 쓰지 않을 것 아닙니까? 그래서 구원의 역사가 이렇게 지체되고 있는 것입니다.

탕자가 돌아옵니다.허랑방탕하여 재산을 탕진하고 알거지가 되었습니다.그제야 제정신이 든 아들은 아버지 집으로 돌아옵니다. 누가복음 15장 17절의 말씀입니다. "자기 스스로 돌이켜"입니다. 자기 스스로 돌아와야 합니다.

자기 안에 돌아올 동기를 가져야 돌아온 것입니다. 그렇게 돌아온 아들이라야 죄인이 된 마음은 있을지라도 다시 까만 모습으로 돌아가지 않을 것입니다. 사랑으로 해야 합니다. 모든 종교의 가르침도 사랑과 자비와 덕德을 얘기하는 이유가 여기에 있습니다. 사랑이 아니면 돌아올 수가 없습니다. 율법으로 자식을 지도했던 구약시대에도 종의 마음으로는 구원이 안되었습니다. 율법의 주인, 안식일의 주인이 구원받은 자입니다.내게 기쁨이 있다는 말입니다.

"나 같은 죄인 살리신 주 은혜 놀라와 잃었던 생명 찾았고 광명을 얻었네" (찬송가405장) 기뻐서 돌아온 찬송이 아닙니까? 무엇이 돌아오게 하였습니까? 은혜와 사랑이 돌아오게 한 것입니다.

사랑으로 돌아와야 돌아온 것입니다. 못된 짓을 하여 부모의 마음을 아프게 한 자식의 마음은 아프지 않겠습니까? 누가 가르쳐 주지 않아도 알 수 있습니다. 얼굴이 새까맣게 된 아이는 부모가 말하기 전에 이미 자기 안에 고통이 있습니다. 그것이 사람의 마음-양심-입니다. 관계를 벗어나면 불안하고, 초조하고, 자기 존재 위치를 이탈한 두려움이 있습니다.

그 마음을 갖고 태어난 것이 사람입니다. 부모가 말하기 전에 자기의 잘못을 알고 있습니다. 그 잘못에 화내고 체벌을 가하는 것은 쉬운 길입니다. 그러나 그 잘못을 용서하고, 사랑하는 것은 어렵고 힘든 길입니다. 유혹을 물리치지 못하고 자기에게 이기지 못한 자식이 불쌍합니다. 그것을 그 자식도 잘 알고 있습니다. 죄악에 물든 까닭이 그 자식에게만 있는 것이 아닙니다. 사랑도 대물림을 하지만, 죄도 대물림합니다. (출20:5) 그 자식의 죄가 그 자식의 것이 아닙니다. 얼마나 불쌍합니까? 진실을 알면 화를 낼 수 없습니다. 화를 내면 돌아오지 않습니다. 비원리적인 것은 간섭하지 않는 것이 교육입니다.

상대를 없게 하여 그 비원리적인 힘을 없애려고 하는 것입니다. 그렇게 사탄을 교육하자는 것입니다. 그것이 "늙은 뱀, 마귀, 사탄이라고 하는 용을 잡아 묶어서 천 년동안 무저갱에 가두고 봉인하여"(계20:2~3)라는 말씀입니다. 독방에 두고 교육하는 것입니다.

구원은 율법과 믿음 아래 있는 것이 아니고, 사랑 안에 있습니다. 요나가 배를 타고 도망을 갑니다. 죄인을 구원하겠다는 하나님의 말을 듣지 않으려고 도망을 가는 것입니다. 체벌-심판-을 하지 않는 하나님이 싫은 것입니다. 그가 탄 배는 풍랑을 만나게 되고 요나는 바다에 던져지게 됩니다. 원수의 땅에 가게 된 그는 하나님의 말씀에 따라 그들을 회개시키고 구원받게 합니다. 우리와 다른 하나님의 마음을 보여주고 있습니다. '구원救援은 오직 사랑으로'입니다. 나의 구원도 내게 있는 사랑의 마음이 나를 구원하는 것입니다. '오직 사랑'으로 성장하고, 완성하는 것입니다.

　자기중심이면 자기만 생각합니다. 자기중심은 자기 욕심慾心이 그 바탕이 됩니다.죽지 않고 살아남으려고 하고, 번식하려 하고, 자기를 보호하려고 하는 마음입니다. 원리는 이 마음을 육심肉心이라고 합니다. 이 마음은 몸의 마음입니다. 사람이 몸의 마음으로 살면, 식욕과 성욕과 소유욕을 채우기 위해서만 삽니다.

　그래서 자기만 챙기고, 자기 남편, 아내만 챙기고, 자기 자식만 챙기고, 자기 소유를 위하여 목숨을 겁니다. 이 마음의 깊은 곳에는 오직 자기뿐입니다.결국, 자기 남편도, 자기 아내도, 자기 자식도 오직 자기를 위하여 있을 때만 챙기게 됩니다. 그렇게 살면 자기 남편도 잃고, 자기 아내도 잃고, 자기 자식도 잃어버립니다. 결국 자기 혼자뿐입니다. 그래서 인생이 나그네가 되어, 삶이 덧없고 허무하다 합니다. "사탄같이 자기욕심을 부려서 자기 보따리를 다 까먹어요"(363-181)라는 참부모님의 말씀이 그것을 말씀하고 계십니다.

　그러나 사람에게는 육체에게 있는 육심만 있는 것이 아닙니다.또 다른 마음이 있습니다. 동물에게는 없는 마음이 있습니다.인간의 마음은 다른 영장

동물과 달리 자신이 어떤 생각과 감정을 가지고 있다는 것을 생각하고 느낄 수 있고, 다른 사람이 어떤 생각을 하고 어떤 감정이겠다는 것을 생각하고 느낄 수 있다는 것입니다.

자기를 생각할 수 있고, 다른 사람을 생각할 수 있는 것은 관계를 통하여 사랑을 성장시켜가야 할 자신-영인체 성장-이라는 것을 말하고 있습니다. 자기 성장은 몸도, 마음도 성장해야 합니다. 몸의 자기-겉사람-만 자기가 아니라, 마음의 자기-속사람-도 있습니다. 마음의 자기-속사람-가 진정 자기입니다. 타락으로 관계를 잃어버리고 자기 마음을 잃어버려서 몸의 자기만 보는 것입니다. 하나님이 인간에게 '생육하고 번성하여 만물을 주관하라'고 하십니다. 그 축복을 이루기 위하여 우리에게 욕심이 왔습니다. 식욕과 성욕과 소유욕이 그것입니다. 식욕과 성욕과 소유욕이 몸의 마음으로 보면, 자기 중심한 욕심입니다. 그러나 마음의 마음으로 보면, 그 욕심은 영인체를 성장시키려고 있는 마음입니다. 내 안에 있는 욕심이 내 것입니까? 내 안에 있는 욕심을 누가 만들었습니까? 내게 있는 그 욕심도 부모로부터 물려받은 것입니다.

하나님이 내게 준 것입니다. 자식이 잘 먹으면 부모에게 기쁨이 됩니다. 자식을 장가, 시집보내고 싶은 소망은 자식보다 부모에게 먼저 있었습니다. 자신이 잘 먹고, 잘 살고, 출세하면-立身揚名-부모가 자식보다 더 기쁩니다. 그것이 생육하고 번성하여 만물을 주관하라'는 말씀입니다.

부모의 그 소원을 이루기 위하여 내게 식욕이 와 있고, 성욕이 와 있고, 소유욕이 와 있는 것입니다. 하나님은 사람에게 욕심을 주시고 그 욕심으로 뜻을 이루려고 하십니다. 내게 있는 이 욕심이 나를 위한 욕심이 아닙니다. 타락으로 아버지를 잃어버리고, 관계를 잃어버렸기에 자기를 위한 욕심으로만 남아 있습니다. "지상에서 자기를 중심삼고 욕심을 가지는데, 그 욕심이 뭐냐?사랑세계를 보완하기 위한 보따리가 욕심인데 사랑을 몰라 가지고 타락한 세상에서 몸뚱이를 사랑하고 지식을 사랑하는 거예요" (466-213)

욕심이 자기 것인 줄로만 알고 삽니다. 알고 보니, 욕심이 자기 것이 아니었습니다. 나의 욕심에 아버지의 소원이 있었습니다. "저희 자신을 저희의 것으로 생각하는 자가 되지 말게 하여 주시옵소서. 저희의 마음이 저희의 것이 아니요, 움직이고 있는 저희의 생명도 저희 것이 아니요,바라고 있는 욕망도 저희 것이 아니므로 저희 자신을 중심으로 헤아리는 마음을 가지고 하늘을 대하지 말게 허락하여 주시옵소서"-아버지의 기도 : 효심편p43- 참 부모님의 기도가 그것을 말씀하고 있습니다.

하나님께서 내게 몸을 주었습니다. 식욕과 성욕과 소유욕이 없으면 몸이 살아갈 수도 없지만, 마음의 완성도 없습니다. 하나님께서는 우리에게 마음을 완성하라고 식욕과 성욕과 소유욕을 주었습니다. 그 욕망으로 사랑의 길을 가라고 내게 몸을 주었습니다. 그러나 몸에 주관 받는 마음이 되면, 이 몸이 나의 하늘 길을 가지 못하도록 붙들기도 합니다. 그러니 몸이 나의 마음의 갈 길에 방해가 되기도 하고, 몸이 하늘 길을 열어주는 유일한 길이기도 하는 것입니다. 마음이 몸을 터로 하여 성장한다는 말입니다.

사람의 생각을 붙드는 것도 몸이고, 정情을 붙드는 것도 몸입니다. 몸이 없으면 생각도, 정도 붙들 수가 없습니다. 그래서 몸을 주셨습니다. 몸을 하늘 생각을 붙들고, 하늘 사랑의 마음을 붙들 수 있습니다. 하늘 사랑의 체휼은 몸으로 하는 것입니다.

마음을 찾아가는 사람들은 몸-자기-의 사랑에서 마음의 사랑으로 넘어서야 합니다.

그렇다고 몸을 버리라는 것이 아닙니다. 몸의 욕慾을 부정否定하라는 말씀이 몸을 버리라는 것이 아닙니다. 부정한다고 부정이 되는 것도 아닙니다. 부정은 버리는 것이 아닙니다. 돈을 사랑하는 마음을 버리고, 정욕을 버리는 것이 아닙니다. 돈에 대한 집착을 넘어설 수 있는 그 무엇을 가지자는 것입니다. 생각으로 사랑에 이끌리는 마음을 붙잡을 수가 없습니다. 거짓 사랑을 이기는 것은 그것보다 더 큰 사랑의 자극을 받아야 이길 수 있습니다.

자기를 넘어 설 수 있는 것은 참사랑밖에 없습니다. '하라''말라'로 이길 수가 없습니다. 자기 사랑-욕심,고집-을 넘어서는 것, 재물에 대한 욕심을 넘어서는 것, 거짓된 이성異性의사랑을 넘어서는 것, 이것은 더 큰 사랑이 아니면 넘어설 수 없는 것입니다. 아버지를 사랑하지 않고는 자기-욕심-라는 것을 넘어 설 수 없습니다. 아버지를 사랑하지 않고는 돈을 넘어 설 수 없습니다.아버지를 사랑하지 않고는 거짓 사랑을 이길 수가 없습니다.

어둠을 밝히는 것은 어둠과 싸우는 것이 아닙니다. 어둠과 싸워서 어둠을 물리치는 것이 아닙니다. 빛을 밝히는 길이 어둠을 이기는 유일한 길입니다. 빛으로 어둠을 정복하는 것입니다. '아버지!'하면 어둠이 정복됩니다. 아버지가 없으면, 나로 꽉 차 있습니다. 공空은 없습니다.아무것도 없다는 것은 없습니다. 아버지가 없으면 나로 나를 채우고 있습니다. 나로 채워져 있으면 아버지는 없습니다. 자기가 있는 곳에 아버지는 없습니다. 아버지를 모셔야 자기중심에서 넘어설 수 있습니다. 그것이 나를 이길 수 있는 유일한 길입니다.

그러니 사위기대를 이루어 가야 합니다. 부모·부부·형제·자녀관계가 알뜰하면 성장합니다. 정의 수준을 높이는 것이 기도하고, 명상하는 것이 아닙니다. 그것으로 방향을 잡을 수는 있지만-깨달음-정의 수준을 높이는 것은 아닙니다.

너와 나의 관계가 알뜰해야 합니다. 너와 나의 관계가 나의 정의 수준입니다. 부모와의 관계, 부부관계, 자녀와의 관계, 형제와의 관계가 자기 정의 정도입니다. 이 관계가 알뜰해야 합니다. 그것이 내가 하나님을 모시는 것이고 성장하는 유일한 길입니다.

부모를 사랑하고, 부부가 서로 사랑하고, 자식을 사랑하고, 형제를 사랑하는 이것이 하나님을 만나는 길입니다. 그 관계만큼 아버지를 만나고 있는 것입니다. 왜 하나님을 모릅니까? 내 생활이 부실하기 때문입니다.관계가 애매하기 때문입니다. 부모와의 관계가 부실하고, 부부관계가 부실하고, 형제간에 너자 나자 관계가 부실하기 때문입니다. 그러면 공상이 많습니다.마음에 공백이 많습니다.

그러니까 아버지를 모르고, 하나님을 모르는 것입니다. 이 관계를 성장시켜 가야 합니다. 그렇게 하려면 내 생활이 알뜰해야 합니다. 부부관계, 부자지관계, 형제관계가 알뜰해져 가야 합니다.

오직 사랑이 나를 이기게 하기 때문입니다.

아버지의 몸으로 산다

'나'라는 존재는 철저히 관계적 존재입니다. 관계를 상실하면 존재가 아닙니다. 그러니 내가, 내가 아닙니다. 내 것이, 내 것이 아닙니다. 내 것이라는 생각은 타락에서 생겼습니다. "남자는 여자를 위해서, 여자는 남자를 위해서 태어났습니다" (천성경p585) 태어나기를 위하여 태어났는데, 제 것이 어디 있습니까?

"내 것이라는 관념을 초월해야 합니다.이것이 금후의 세계인류에게 가르쳐야 할 가장 큰 교훈입니다"(천성경p656)내 몸이, 내 것이 아닙니다.내 몸이, 내 몸이 아닙니다. 사랑으로 살아야 하고, 위하여 살아야 할 나입니다. 그것이 존재의 실현입니다.

몸의 삶은 받아야 살고, 마음의 삶은 주어야 삽니다. 왜 그렇습니까? 몸은 받아야 기쁘고, 마음은 주어야 기쁘기 때문입니다. 그러니 몸의 소유는 내 몸에 붙어야 내 것이지만, 마음은 내 안에 내 소유를 두면 고통이 됩니다.주어야 기쁘지 않습니까? 마음이 그런 것은 너와 나를 하나같이 여기고 싶은 마음의 원願이 있기 때문입니다. 마음의 소원은 내가, 내가 아닙니다. 꼭 '너자 나자, 나자 너자'의 마음으로 살고 싶다는 것이 마음의 원입니다. 떼려야 뗄 수 없는 이성성상二性性相의 관계가 본성입니다. '어떻게 살아야 합니까?' 마음의 원대로 살면 됩니다.

마음은 내가 나로 사는 것이 아닙니다. 내가 아버지의 것으로 살고 싶은 것입니다. 이것이 내 마음의 원입니다.

나 밖에 있는 아버지를 내 안에 아버지로 모시는 것이 효孝입니다. 마음으로 아버지를 보면 아버지와 나는 이미 하나입니다. 나누려야 나눌 수 없는, 내가 아버지 안에, 아버지가 내 안에 계시는 그런 나(我)입니다.그래서 자식이 부모없는 자기만을 생각하면 부모가 서럽습니다. 자식이 그런 마음으로 부모를 대하면, 부모의 마음에 '왜 살았나!' 그런 마음이 들지 않을 수 없습니다. 그 체념으로 '어서 죽어야지!'그럽니다. 이 마음은 사실입니다.

아버지로 말미암은 나입니다. 그러니 관계를 떠난 소유의 관념은 불효입니다. 나를 자기 것으로 취급하는 것이 불효입니다. 나는 관계적 존재입니다. 이것을 부정할 수가 없습니다. 아버지로 말미암은 나이기 때문입니다. 철없는 자식은 자기가 하늘에서 뚝 떨어진 줄 알고 살고 있습니다. 아버지로 말미암은 자기라는 것을 모르고 살고 있습니다.아버지를 붙들지 않으면 '나는 나'뿐입니다.

아버지를 붙들지 않고서는 마음은 한 발자국도 앞으로 갈 수가 없습니다. 마음의 세계가 그렇습니다.

몸의 삶이 삶의 전부가 아닙니다. 마음의 삶이 진정한 삶입니다. 그러니 생각을 붙들고, 정을 붙들어야 합니다. 우리가 생각을 놓치고, 정을 놓쳐서 마음에 공백이 생긴 것입니다. 생각을, 정을 토막토막 잘라 먹으면 마음의 세계는 없는 것과 같습니다. 그냥 육신의 삶을 살고 있습니다.

마음의 생활이 어제와 오늘이 그냥 그대로인 것은 생각과 정을 토막토막 잘라 먹었기 때문입니다. 육신의 삶이 그것을 말해주고 있습니다. 육신의 삶에는 잘라먹는 시간이 없습니다. 그래서 성장하는 것입니다. 하루의 일과를 봐도 그렇습니다. 몸이 걸어온 하루의 동선動線을 그릴 수 있습니다.
어린아이가 일기를 쓰면, 몸의 동선으로 일기를 씁니다. 그러나 마음의 동선은 그릴 수가 없습니다. 토막토막 잘라 먹어 선이 되지 않습니다.

공부하는 학생이 책상에 앉아 있어도 마음은 딴 곳에 가 있습니다. 그러니 실력이 늘지 않습니다. 우리 마음의 길이 그와 같아서 마음이 성장하지 못하는 것입니다. 마음을 놓치고 살면, 몸으로만 살게 됩니다. 몸으로 살면 '너는 너고''나는 나'입니다. 마음으로 살면 '너자 나자''나자 너자'의 삶입니다. 그것이 마음의 기쁨이기 때문입니다.

심정의 세계로 들어가려면 아버지를 붙들고 가야 합니다. 아버지를 마음에서 놓치면 다른 것을 붙들고 살게 됩니다. 내가 아버지를 붙들지 않으면, 나는 나를 붙들고 살게 됩니다. 사랑과 심정은 '너와 나'를 하나로 여기는 마음입니다. 아버지와 아들이 꼭 하나같이 있습니다. 그러니 아버지와 아들이 하나같이 사는 것입니다. 아들이 아버지의 몸이 되어 사는 것입니다. 마음의 세계에 들어가면, 전체全體와 개체個體가 둘이 아닙니다. 하나입니다. 전체와 개체가 하나라는 말을 어떻게 알 수 있습니까? 하나님을 '아버지'라 하는 말이 그것을 알게 합니다. 하나님이 나의 아버지입니다. 그러니 내가 무형이신 하나님의 몸으로 살아야 합니다.

아버지와 아들이 둘이 아닙니다. 마음은 그렇습니다. 아버지는 아버지로 살고, 아들은 아들로 살면 고통입니다. 내가 아버지로 살아야 한 '나'입니다. 내가 백성의 몸으로 살아야 할 '나'입니다. 그것을 '명심하라'는 것입니다.

아버지의 체體로 살아야 할 '나'입니다. 마음은 그렇습니다. 분립할 수 없는, 떼려야 뗄 수 없는 '너자 나자, 나자 너자'의 이성성상으로 '너와 나'가 있습니다. 그런 마음을 찾아가는 것이 성장입니다. 삶은 완성을 향해 가는 길입니다. 절대적인 관계를 통하여 본성을 기르는 것입니다. 그 본성이 아버지와 나를 하나같이 여기는 마음입니다. 아버지의 체로 살아야 합니다. 그래서 신앙생활은 그리움의 생활이라고 하는 것입니다. "하나님 창조의 최후 목적은 체를 쓰는 것입니다"(천성경p374) "하나님은 왜 아담과 해와를 필요로 했습니까? 두 가지의 목적이 있습니다. 첫째는 사랑의 이상을 성사하자는 것입니다. 둘째는 무형의 하나님이 체를 쓰고 나타나시기 위해서입니다"(천성경p375)

'하나님이 체를 소원하셨다'는 참부모님의 이 말씀은 하나님의 체가 되어 드리기 위한 당신의 삶의 고백입니다. 그런 하나님의 소원을 아시고, 참부모님께서 하나님의 몸이 되어드리려고, 하나님의 마음이 되어드리려고 얼마나, 사무친 마음으로 사셨는가를 알게 하는 말씀입니다.

어떤 학생과 얘기하면서 '사람이 자기와 싸워야 한다'는 말을 하였습니다. 학생은 왜 싸워야 하는지? 무얼 싸워야 하는지를 모릅니다. 그래서 예를 들었습니다. '결혼한 남자가 예쁜 여자를 만났는데, 그 여자가 자기 부인보다 더 예쁘고 마음도 착하고 자기에게 너무 잘 해주니 그 여자에게 마음이 갑니다. 그렇게 마음이 가면, 어떻게 해야 합니까?하고 물었습니다. 마음은 그 여자에게 가고 있고, 결혼은 이미 했고, 그러면 마음이 가는 대로 내버려두면 되겠습니까? 가는 마음을 잘라야 하지 않겠습니까? 내 마음이 가는대로 그냥 내 버려두면 큰일 납니다. 얼마나 고통의 자리입니까, 그 자리가 얼마나 심각한 자리입니까? 그대로 놔둘 수 없습니다.

그런 자리에서 몸을 붙들어야 할 것은 말할 것도 없지만, 생각도 붙들어야 합니다. 정을 붙들어야 합니다. 생각과 정을 붙들지 않으면 사망의 자리로 들어갑니다. 그걸 붙들고 싸워야 할 싸움이 얼마나 치열합니까? 참부모님께서는 이 싸움이 '2차 세계대전보다 더 어려운 싸움이다'는 말씀을 하셨습니다. 사실의 말씀입니다.

그 학생에게 물었습니다. "학생의 아버지가 그러면 어떻게 하겠느냐"고, 그 학생의 대답이 아버지를 죽여 버린답니다. 그러니 내 안의 싸움이 내 개인의 싸움이 아닙니다. 그러 자기 아버지를 죽이겠다는 자식의 마음을 보아도 알 수 있습니다. 이 싸움에 하나님과 사탄이 개입되어 있습니다. 왜냐하면, 자기를 중심한 욕慾과 전체를 위하겠다는 마음의 싸움이기 때문입니다.

몸 마음의 싸움은 남녀관계를 놓고 설명을 했지만, 작게는 내 몸이 요구하는 것과 내 마음이 요구하는 것의 싸움입니다. 더 놀고 싶다.더 자고 싶다. 더 먹고 싶다. 이 몸의 요구에 주관을 받고 살아도 되느냐는 것입니다.

부모가 되어 자식을 길러보니 잔소리가 되어 있는 사건입니다. 그것이 양심의 소리입니다. 그러니 내 안에 있는 그 욕慾과 싸워야 할 나 아닙니까? 내가 내게 잔소를 더 혹독하게 해야 하지 않겠습니까?'하나님 창조의 최후 목적은 체를 쓰는 것'이라는 참부모님의 말씀은 이 싸움을 알게 하고, 이 싸움을 싸우도록 한 말씀입니다. 이 싸움을 민감하게 싸워야 합니다.

더구나 자기를 부정하고 하늘길을 가는 사람이 부지불식간不知不識間에 자기를 앞세우는 자기를 어떻게 합니까? 세상의 생각과 세상의 정情과 싸워야 하고 공적公的인 길을 가는 사람은 사적私的인 생각과 싸워야 합니다. 이 싸움에서 자기를 놓치지 않으려니까 심각해야 합니다. 이 싸움은 내 개인의 몸, 마음의 싸움만이 아닙니다. 이 싸움을 그대로 두고 아버지의 것이 될 수가 없습니다. 그래서 이 싸움에서 이겨 내 몸이 아버지의 몸이 되기를 소원하시는 것입니다. 이 싸움에서 소유가 결정되고 있다는 것입니다.

자기를 바로 세우는 것이 하나님의 체로 사는 것입니다. 그러니 본성을 알고 하나님을 아시는 분이라면 이 싸움에 심각하지 않을 수 없습니다. 본성을 알면 알수록 이 싸움은 치열합니다. 그래서 고행의 길을 자진해서 건습니다.

"육신이 무기인데 이 원수의 무기가 3대 무기입니다. 첫째는 먹는 것, 그 다음엔 잠자는 것, 그 다음엔 정욕입니다. 거기에 선생님도 부딪혔습니다. 선생님이 이것을 넘기 위해 얼마나 눈물을 많이 흘리고, 얼마나 몸부림 쳤

는지 여러분은 모를 것입니다" (천성경p463)

한 브라질 선교사의 얘기입니다. 중남미의 선교를 책임지고 계실 때 그 책임이 너무 힘에 겨워서 중남미 선교 책임자에서 물러나겠다는 말씀을 드리려고 플로리다에 계시는 참부모님을 찾아가셨답니다. 부모님을 뵙고 기회가 있으면 말씀을 드리려고 있는데, 하루는 참부모님께서 허리케인이 올라온다는 뉴스를 들으시고도 낚시를 하시기 위하여 낚시 배를 타고 출항을 하셨답니다. 남들은 다 허리케인으로 귀항하는 것을 보시고서도 출항을 한 것입니다.

어둠이 내리고 비바람이 거세지면서 허리케인 속으로 그 작은 배가 들어 갔습니다. 그러니 선상에 몸을 둘 수가 없습니다. 불어오는 바람과 배 위로 덮쳐오는 파도 때문에 선상에 있을 수가 없었답니다. 그래서 몇 사람이 들어갈 수 있는 선실로 참부모님을 모시고 내려가서 허리케인이 지나가기를 기다렸습니다. 아직 비바람이 거센데 새벽5시가 오고 있었습니다.

참부모님께서는 하나님께 경배를 드리기 위하여 선실 밖으로 나가십니다.비바람 속에서 무엇이라도 붙들지 않으면 파도에 휩쓸려 날아갈 그런 자리에서 참부모님은 새벽5시에 경배를 드렸습니다. (1986년) 참부모님은 그렇게 목숨으로 하늘을 모시고 사십니다. 참부모님을 뵙고 중남미 책임자의 자리를 못 하겠다는 말을 차마 드릴 수가 없었다고 합니다. 참부모님께서 편한 자리에서 하늘을 모시는 것이 아닙니다.

아버님께서 한때 수술을 받으시고 병석에서 한잠을 주무시지도 못하셨다고 합니다. 그러시면서도 새벽5시 정성은 몸을 부축받으시고도 꼭 지키십니다.한번은 이틀을 못 주무시고 새벽4시가 되어 당신도 모르게 깜빡 잠이 드셨습니다. 아버님을 간호하던 어머님께서 아버님이 좀 쉬셔야겠기에 깨우시지 않고 조용히 정성의 시간을 마쳤습니다. 놀란 모습으로 잠에서 깬 아버님께서 시간을 물으셨습니다.

그 시간이 지난 것을 아시고 걱정이 대단하셨다고 합니다. 아버님은 그렇게 하나님을 모시고 사십니다. 적당하게 대충 대충해서 얻어질 마음이 없습니다.

1950년대 청파동 전 본부교회에서 참부모님을 모셨던 분의 간증이 있습니다. 아버님께서는 아무리 날씨가 더워도 덥다는 말씀을 하지 않으시고, 아무리 추워도 춥다는 말씀을 하지 않으셨다고 하셨습니다.

몇 끼의 식사를 거르면서 말씀을 하시고서도 배고프다는 말씀을 하지 않으셨다고 합니다. 왜 그러십니까?

"내 싸움이 아직 부족하고 내가 눈물을 흘릴 수 있는 자격이 부족하다 하고, 내가 서러워할 때 아버지께서 눈물 흘릴 것을 염려하면서, 내가 매 맞는 자리에서 참기 어려운 비통한 자리에 설 때, 하나님이 처참한 자리에 설까 염려하여 '내 비통함은 아무것도 아니요, 내 고통은 아무것도 아니요, 내 슬픔은 아무것도 아닙니다'하고 이를 악물고 내 눈물이 떨어질 때 하늘의 눈물이 떨어질까 봐 염려하고"(153-269)

이 말씀으로도 아버님의 마음을 짐작할 수가 있습니다. 내가 덥다 하고, 내가 춥다하고 내가 배고프다 하면, 하나님의 염려가 있을까 봐 그 생각도 하지 못하고 사시는 것입니다. 참부모님은 그렇게 하나님을 몸으로, 마음으로 모시고 사셨습니다.

어떻게 목숨을 걸지 않고 하나님을 보겠습니까? 어떻게 적당하게 대충대

충하고 하나님을 만날 수 있겠습니까? 참부모님이시기에 가신 길이 아닙니다. 참부모님께서 하나님의 몸이 되어드리려고, 하나님의 마음이 되어드리려고 얼마나, 얼마나 사무친 마음으로 사셨겠습니까? 그것이 참부모님의 삶이었습니다.

이 마음은 우리에게도 있는 마음입니다. 효하고 싶고, 예수 닮고 싶고, 참부모님을 닮고 싶은 마음은 우리에게도 있는 마음입니다. 하나님의 몸이 되어드리고, 마음이 되어드리고 싶은 원이 우리 안에도 있습니다.

하나님-아버지-의 체로서 살아야 할 나입니다. 그것이 효입니다. 내 몸도, 내 생각도, 내 정情도 다 하나님의 것으로 살아야 할 나입니다. 그러기에 참부모님께서 싸우신 이 싸움을 이제 내가 싸워야 합니다. 내가 하나님의 몸이 되어드려야 합니다.

사랑은 몸없이 일어나지 않습니다. 부모를 사랑하는 마음도, 상대를 사랑하는 마음도, 자식을 사랑하는 마음도 대상을 만나야 비로소 일어나는 마음입니다. 내 마음에 이런 사랑의 씨가 있었구나? 대상을 만나서 발견하는 마음입니다. 사랑은 체가 없이 일어나지 않습니다. 이 몸을 사탄에게 내어주고 어떻게, 어디에서 하나님을 만난다는 말입니까? 하나님을 내 안에서 나의 마음으로 모신 체를 가지고 만나야 합니다. 그것이 체휼입니다.

그곳에 아버지 하나님을 사랑할 수 있는 길이 있습니다. '내가 길이요, 진리요, 생명이라는'말씀을 이제야 이해합니다. 실체가 없이는 그 길을 갈 수 없기 때문입니다. 하나님의 체를 내 안에서 만나는 것이 하나님을 사랑하는 길이요, 진리요, 생명이요, 사랑입니다.

참아버님의 기도 _ 참효자 효녀가 되게 하시옵소서!

만우주를 지으신 아버님이시여!당신의 영광을 모든 만물과 나눌 수 있는 그 한 날을 당신은 얼마나 간곡히 소원하셨던가를 이 시간 저희가 마음 깊이 깨닫게 하여 주시옵소서.

아담 해와를 창조하시고 그들을 아버지 품에 기르셔서 영원한 사랑의 생활을 하게 함으로 말미암아 인류의 복지를 건설하려 하셨고, 자라나는 아담 해와를 통하여 기쁨을 누리려 하셨던 아버지이심을 다시 한 번 깨닫게 되옵니다.

그런 간곡한 소망을 가지셨던 아버님께서 아담·해와를 잃어버리시고 슬픔의 한 날을 맞이하게 됐다는 사실을 저희가 이 시간 다시 한 번 깨달아야 되겠사옵니다.

아버님, 이 땅에는 나라들도 많사옵고 민족들도 많사옵니다. 그들은 지난 날 각각 역사를 달리했고 소망도 달리하고 있사옵니다. 이것은 아버지께서 본래 경륜하신 뜻과 상반된 것임을 다시 한 번 생각해볼 때에, 역사가 다른 것이 아버님의 한이오며, 소망이 다른 것이 아버님의 한인 것을 알게 되옵니다.

이러한 것을 생각할 때에 아버님, 이것이 타락의 보응인 것을 알고 있사옵니다.

오늘날 수많은 종교와 수많은 교단이 하나의 목적을 향하여 나아가고 있사오나, 당신이 가셔야 할 그 슬픈 길을 놓고, 인류가 받아야 할 처참한 심판의 서러움을 놓고 아버님 앞에 겸손히 엎드려 눈물짓는 무리가 많지 않은 것을 아옵니다.

오늘 여기에 모인 이 불쌍한 무리는 서러움의 길을 연하여 나왔사옵니다. 당신이 분부하시는 명령을 안고 이날까지 싸워 나오며 지친 발걸음을 이끌고 오늘 이 자리에 남은 당신의 아들딸들이오니 기억하여 주시옵소서.

이제 당신의 상한 손길을 붙들고 당신의 사정을 위하여 염려할 줄 아는 아들딸이 되어야 하겠사옵고, 당신의 초조한 모습과 당신의 처절한 그 모습을 바라보고 내 아버지라고 달려들어 목을 껴안고 통곡할 줄 아는 참다운 아들딸이 되어야 하겠사옵니다. 그러나 그럴 수 없는 내 마음을 가졌을진대 스스로 죄인인 것을 직고하여 아버지의 긍휼의 품에 안길 수 있는 이 한 시간이 되게 하여 주시옵기를, 사랑의 아버님, 간절히 바라옵고 원하옵니다.

이제 이 시간 저희는 지난날의 모든 것을 직고해 버리고 순수하고 깨끗한 마음의 터 위에 아버님을 그리워하는 마음과 흠모의 정만이 저희의 마음에 채워질 수 있기를 바라고 있사옵니다.

그리하여 당신이 어떤 사정을 갖고 계시든, 당신이 어떤 모습을 하고 계시든 그것을 개의치 아니하고 당신을 정성 들여 모셔 드릴 수 있는 참효자 참효녀의 모습을 갖출 수 있도록 허락하여 주시옵기를, 아버님, 간절히 바라옵고 원하옵니다.

만민을 대신하여, 아버지를 대신하여 눈물지을 수 있게 해주시옵고, 아버님께서 오셔서 아픈 심정을 토로할 수 있는 이 시간이 되게 하여 주시옵기를, 아버지, 간절히 부탁드리옵니다. 만만세의 영광의 승리가 저희와 이 민족과 인류와 뭇 영인들과 같이하게 하여 주시옵기를 간절히 부탁드리면서, 모든 말씀 주의 성호 받들어 아뢰었사옵나이다. 아주! (1966. 1. 2)

성경으로 본
하나님의 섭리

초판 1쇄 인쇄일　| 2020년 5월 11일
초판 1쇄 발행일　| 2020년 5월 15일

지은이　　　　| 윤경환
펴낸이　　　　| 한선희
편집/디자인　 | 우정민 우민지
마케팅　　　　| 정찬용 김보선
영업관리　　　| 정진이
책임편집　　　| 정구형
펴낸곳　　　　| 국학자료원 새미(주)
　　　　　　　등록일 2005 03 15 제251002005000008호
　　　　　　　경기도 고양시 일산동구 중앙로 1261번길 79 하이베라스 405호
　　　　　　　Tel 02 442 4623 Fax 02 6499 3082
　　　　　　　www.kookhak.co.kr
　　　　　　　kookhak2001@hanmail.net

ISBN　　　　| 979-11-90476-47-8 *03230
가격　　　　 | 12,000원